Netzwerkarbeit und Selbstorganisation im demografischen Wandel

Eine praxisorientierte Arbeitshilfe

Von Jutta M. Bott
unter Mitarbeit von Santje Maike Winkler,
Sven Tepperwien, Susann Wolf, Melanie Rhinow

Deutscher Verein
für öffentliche
und private Fürsorge e.V.

Das diesem Bericht zugrundeliegende Vorhaben wurde mit Mitteln des Bundesministeriums für Bildung und Forschung unter dem Förderkennzeichen 17S05X09 gefördert. Die Verantwortung für den Inhalt dieser Veröffentlichung liegt bei der Autorin.

Hand- und Arbeitsbücher (H 20)

Verlag des Deutschen Vereins
für öffentliche und private Fürsorge e.V.
Michaelkirchstraße 17/18, 10179 Berlin
www.deutscher-verein.de

Auslieferung über den Lambertus-Verlag:
www.lambertus.de

Lektorat: Daniela Rhinow, Magdeburg

Druck:
Werbedruck Schreckhase
34286 Spangenberg

Printed in Germany 2014
ISBN 978-3-7841-2521-3
ISBN E-Book 978-3-7841-2522-0

Veröffentlicht mit Förderung durch das Bundesministerium
für Familie, Senioren, Frauen und Jugend (BMFSFJ)

Inhaltsverzeichnis

„Wir alle brauchen Ideale, Vorbilder, Ziele, an denen wir uns
orientieren, nach deren Verwirklichung wir streben können.
Ohne sie sind wir einem Gefühl der Leere ausgesetzt,
und das lebendige Interesse an den Dingen der Welt
und an unseren Mitmenschen geht verloren."

Margarete Mitscherlich-Nielsen

1. Herausforderungen des demografischen Wandels – Einführung in die Arbeitshilfe

Eine Arbeitshilfe – so sagt es der Begriff – soll für die praktische Arbeit Anleitung und Hilfe bieten. In der vorliegenden Publikation geht es um Netzwerkarbeit, die notwendig ist, um mit den Folgen des demografischen Wandels gesellschaftlich zurechtzukommen. Netzwerkarbeit wird nach einem Dornröschenschlaf der lange schon bekannten Zahlen über die Veränderung der Bevölkerungspyramide von Politik und Verwaltung sowie von wichtigen gesellschaftlichen Institutionen und Personen beschworen und vielfältig gefördert. Tagungen, Projektförderlinien und Stiftungen, die kluge und vielfältige Ansätze seit der Jahrtausendwende in zunehmendem Maße unterstützen, sind kaum mehr zu überblicken.

Ob diese gut gemeinten und oft auch kreativen, innovativen Ansätze letztlich in der Mehrheit langfristig das halten, was sie versprochen haben zu entwickeln und zu bewirken, ist bislang nur punktuell betrachtet und hinterfragt worden. Schnelle und wirksame Lösungen sind gewünscht, denn die Zunahme von Hochaltrigkeit, die steigende Anzahl der Demenzerkrankten und körperlich Pflegebedürftigen durch die Vergrößerung dieser Bevölkerungsgruppen an sich sind Fakten. Bei einem gleichzeitigen Mangel an Fachkräften im Bereich der Altenpflege werden pflegerische Versorgungsengpässe und soziale Notlagen älterer Menschen entstehen. Fachkräfte in der Gemeinwesenarbeit werden bislang nur selten finanziert, obwohl man sehr darauf setzt, dass die Bevölkerung sich in vielen Bereichen wird selbst helfen und selbst organisieren müssen.

Die anstehenden Aufgaben sind teilweise komplexer Natur, weil verschiedene Trends zusammenkommen. So stellt sich die Frage, wie die Unterstützung und Versorgung von Menschen im ländlichen Raum gelingen kann, wie die Generationen miteinander zurechtkommen und die Kinder und Jugendlichen so gefördert werden, dass von vornherein kaum Ausfälle für gute Erwerbsbiografien entstehen. Die Frage, ob die sozialen Sicherungssysteme der Renten-, Kranken- und

Pflegeversicherung für die bevorstehenden demografischen Veränderungen wirklich gerüstet und solide finanziert sind, bleibt bislang im politisch öffentlichen Raum weitgehend unbeantwortet.

Die hier vorliegende Publikation kann diese grundsätzlichen Fragen nicht lösen und gibt das auch nicht vor, sondern sie plädiert dafür, dass viele Personen als Fachkräfte in den Kommunen, bei freien Trägern, in sozialen Institutionen oder als Freiwillige bzw. ehrenamtlich Tätige im Bereich des demografischen Wandels arbeiten. Andere, wie Studierende der Sozialen Arbeit, der Erziehungswissenschaften, Berufswechsler u.Ä., bereiten sich auf eine solche Arbeit vor. Dazu gehört, dass sie in der Praxis die notwendige Netzwerk- und Zusammenarbeit fördern und in einem Sozialraum etwas zum Wohle der dort lebenden Menschen bewirken. Vielleicht ist ihre vorrangige Motivation, eine Geschäftsidee in diesem Bereich umzusetzen – aber auch das ist legitim, wenn Kosten und Nutzen für die Betroffenen in einer akzeptablen Balance stehen.

Unter dem Begriff „Arbeit im demografischen Wandel" kann sehr Unterschiedliches verstanden werden. Ein Teil der älteren Menschen – die jungen Alten oder die fitten Alten – möchte sich sinnvoll engagieren und für andere Menschen etwas tun. Dieses Engagement richtet sich nicht nur an die Vereine, sondern insbesondere an die jüngere Generation. Mittlerweile gut etablierte und bekannte Projekte sind z.B. Wunschgroßelterndienste, Vorlesen in Kitas, Konfliktlotsen oder Mediatoren in Schulen, Berater für junge Menschen in der Berufsausbildung, Schulunterstützung für Kinder und Jugendliche mit Migrationshintergrund. Darüber hinaus stehen soziale und kulturelle Initiativen, Kirche, Gesundheitswesen, Altenhilfe und Altenpflege, Familien u.v.m. für freiwilliges Engagement zur Verfügung.

Der Freiwilligensurvey von 2009 gibt Einblick in die verschiedenen Engagementgruppen und -motive.[1] Demnach sind 71 % der deutschen Bevölkerung in Vereinen, Organisationen, Gruppen oder öffentlichen Einrichtungen teilnehmend aktiv. Die Hälfte davon hat bestimmte Aufgaben, Arbeiten oder Funktionen übernommen, nimmt also nicht „nur" teil. Das entspricht einer Engagementquote von 36 %. Schaut man sich die Bevölkerungsgruppen an, die sich freiwillig engagieren, ist festzustellen, dass sich Männer, Erwerbstätige, junge Menschen in der (verlängerten) Ausbildungsphase, höher Gebildete und Menschen mit einem gehobenen Berufsprofil stärker engagieren als andere. Bei Familien und vor allem bei älteren Menschen ist das Engagement in den letzten Jahren gestiegen.[2]

---

1   tns infratest München 2010.
2   tns infratest München 2010, 4.

Ein wichtiger Unterstützer all dieser Engagementprozesse mit einem ureigenen Interesse ist die Politik. Die Bundesregierung hat es sich zur Aufgabe gemacht, bürgerschaftliches Engagement, insbesondere der älteren Generation, zu fördern und die Generationen zusammenzubringen. Dazu wurden regelmäßig Modellprogramme und Förderlinien mit dem Ziel eingerichtet, Engagementstrukturen aufzubauen, Engagement attraktiv zu machen, Kompetenzen zu vermitteln, Initiativen finanziell und strukturell zu unterstützen und zu begleiten. Einige abgeschlossene und aktuelle Beispiele:

- 1992–1997: Modellprogramm „Seniorenbüro" des damaligen Bundesministeriums für Familie und Senioren (heute Bundesministerium für Familie, Senioren und Frauen und Jugend [BMFSFJ]),
- 2002–2006: „Erfahrungswissen für Initiativen" (= EFI), BMFSFJ,
- 2005–2008: Aufbau von Freiwilligendiensten/Freiwilligenagenturen,
- 2006–2009: Implementierung der *senior*Trainerin-Konzeption; Weiterführung in den Kommunen,
- 2008: Start der Initiative des BMFSFJ „Alter schafft Neues"; diese beinhaltet u.a. die Schwerpunkte „Aktiv im Alter" (2008–2010), „Freiwilligendienste aller Generationen" (seit 2009),
- „Engagement-Lotsen" als landesfinanzierte Qualifizierungen, z.B.:
  - o Pilotprojekt „Qualifizierung von Engagement-Lotsen" des Landes Hessen (seit 2004),
  - o Engagement-Lotsen für Ehrenamtliche Niedersachsen (= ELFEN), Qualifizierungsprogramm des Niedersächsischen Ministeriums für Soziales, Frauen, Familie, Gesundheit und Integration im Anschluss an das ausgelaufene EFI-Programm (seit 2006),
  - o „Engagement-Lotsen im Stadtteil", Modellprojekt im Rahmen des Programms „Nationale Stadtentwicklung" im Land Sachsen-Anhalt (seit 2009),
  - o „Engagement-Lotsen als Akteure im ländlichen Raum unter Bedingungen demografischen Wandels", gefördert aus Mitteln des Ministerpräsidenten des Landes Brandenburg (seit 2009),
- 2006 bis heute: Mehrgenerationenhäuser, Aktionsprogramm des BMFSFJ; mittlerweile werden im Aktionsprogramm II 2012–2014 450 Mehrgenerationenhäuser gefördert.[3]

Aber auch lokale und häufig durch Stiftungen unterstützte Nachbarschaftshäuser, Familientreffs oder Selbsthilfekontaktstellen sind lokale Anlaufstellen für Bürgerengagement. Auf kommunaler, Kreis- und Landesebene ist es mittlerweile

---

3   BMFSFJ 2013.

selbstverständlich, das freiwillige Engagement öffentlich einmal oder mehrmals im Jahr zu würdigen und auszuzeichnen.

Problem

Die Arbeit im demografischen Wandel – häufig mit großem Idealismus und guten Ideen begonnen – endet nicht selten nach Phasen von Erfolgen und Euphorie in einer Sackgasse und die Nachhaltigkeit von Projekten will sich nicht einstellen. Die Gründe dafür sind vielfältig. Bislang wird auf Freiwilligkeit gesetzt. Keiner ist in einem demokratischen Staat jemandem Rechenschaft schuldig, wenn er mit seinem Engagement aufhört. Dies ist auch die Crux mit der neuen Form von Ehrenamt: Der heutige Freiwillige weiß ziemlich genau, was er will und was er nicht will. Er will für andere da sein, aber wenn es nicht stimmig ist, weiß er genau, wo er etwas Besseres findet, und er geht. Dieses Faktum ist auch für die Wohlfahrtsverbände ein großer Umstellungsprozess, weil sie nicht mehr wirklich auf ihre Jahrzehnte während, berechenbare und den Interessen dienende Freiwilligen-Klientel setzen können. Die sogenannte Ressource „freiwillig Engagierter" ist eigensinnig, nicht mehr klein, leise, bescheiden, still, mit Dank zufrieden, sondern will mitbestimmen, was mit ihr wo, wann, wie geschieht. Dies ist Ausdruck unseres modernen Demokratie- und Partizipationsverständnisses. Freiwilligenengagement gilt mittlerweile in der Fachwelt als hochfragil, unberechenbar, hochdynamisch, ständig im Wandel. Es ist schwer, mit einem solchen Engagement verlässliche, nachhaltige Strukturen aufzubauen. Der moderne ehrenamtlich Tätige entspricht zum Teil selbst dem Kundenbild, das Jahrzehnte als Verbraucherverständnis propagiert wurde.

Idee

Die Idee zu dieser Arbeitshilfe entstand in dem vom Bundesministerium für Bildung und Forschung 2009–2013 an der Fachhochschule Potsdam geförderten Projekt „Gut leben im (HOHEN) Alter – Konzepte sozialraumorientierter Unterstützung von Selbstsorge, Selbstorganisation und Vernetzung im demografischen Wandel". Projektziel war, die Lebensqualität älterer und hochbetagter Bewohnerinnen und Bewohner exemplarisch in einer ländlichen und in einer städtischen Region in Brandenburg zu untersuchen und sozialräumlich Einfluss zu nehmen. Es sollten Konzepte der Selbstsorge und Selbstorganisation für ein zufriedenstellendes Leben Älterer und für das Zusammenwirken von jungen, älteren, lange dort lebenden und neu hingezogenen Bewohnerinnen und Bewohnern entwickelt werden. Dazu zählte vor allem die Förderung nachbarschaftlicher, selbstorganisierter, auf Austausch setzender Hilfe mit älteren und hochbetagten Menschen und für sie. Ausgangspunkt war die Überlegung, dass Lösungswege aus den Problemlagen der demografischen Situation heraus nur in Form von Selbstsorge, Selbstorganisation, Selbstvorsorge im weitesten Sinne und durch eine sinnvoll vernetzte Zusammenarbeit mit professionellen Diensten

(Wohlfahrtspflege, kommunale und gewerbliche Institutionen) entstehen. Zudem wurde die Auffassung vertreten, dass neue Lösungswege auf die Zusammenarbeit der Generationen und der verschiedenen Ethnien in den jeweiligen Lebensregionen setzen müssen. Da wechselseitige Hilfe und Unterstützung unter nicht verwandten Menschen nur durch Begegnung, Kennenlernen, Austausch initiiert und gestützt werden kann, galt ein kleinräumiger Zugang im Sinne von „organisierter Nachbarschaft" im weitesten Sinne als notwendig. Nur in einer Mischung von Eigeninitiative und „Versorgung" liegt das Potenzial, die Bedürfnisse der Menschen zu treffen, sie aus der Versorgungshaltung herauszuführen und Sinnfragen neue Akzente zu geben. Wenn auch verständlicherweise die Unterstützung und Pflege alter Menschen im Vordergrund steht, sollten die innovativen Konzepte auch den Aspekt des friedlichen und respektvollen Zusammenlebens der Generationen, neue Wohnformen u.Ä. einbeziehen, da die demografische Situation durchaus einige Brisanz hinsichtlich des gesellschaftlichen Friedens in sich birgt.

Das Praxisentwicklungs- und Forschungsprojekt wurde aus dem Programm „Soziale Innovationen für Lebensqualität im Alter" (SILQUA)[4] gefördert. Auch hier waren die am Projekt beteiligten Professionellen idealistisch und hochmotiviert gestartet, um nach und nach in der Realität von Selbstorganisation und Nachhaltigkeit anzukommen. Aus diesen Erfahrungen heraus entstand die Idee, eine Arbeitshilfe zu erstellen, die theoretisch-praktisch fundierte Erkenntnisse zum Arbeiten im demografischen Wandel und methodische Hinweise bereitstellt. Jede Region, jeder Sozialraum weist neben Gemeinsamkeiten individuelle Charakteristika auf. Wie man mit den Menschen, die dort leben und arbeiten, umgeht, welche Ansprache, welche Methoden sie einladen, am „gelingenden Leben" im Gemeinwesen teilzunehmen und beizutragen, müssen die praktisch Tätigen neben aller Professionalität – und hierzu will die Arbeitshilfe beitragen – mit Fingerspitzengefühl herausfinden und entwickeln. Neben gelingenden Prozessen werden mit Sicherheit Frustrationen und auch Niederlagen dazugehören, die überwunden werden können. Dieses Buch soll dafür Hilfestellungen geben und die Erkenntnisse des Potsdamer SILQUA-Projektes zur Verfügung stellen. Insofern wurde ein Aufbau gewählt, in dem Theorieteile, methodische Überlegungen und Ergebnisse des Projektes „Gut leben im (HOHEN) Alter" einander ergänzen und die Herausforderungen für einen solchen sozialräumlichen Ansatz von verschiedenen Seiten beleuchten.

---

4   SILQUA = Soziale Innovationen für Lebensqualität im Alter – Forschung an Fachhochschulen, eine Förderlinie des Bundesministeriums für Bildung und Forschung.

2. Freiwilliges Engagement, Netzwerke und frei gewählte Gemeinschaften zur Unterstützung älterer Menschen

Die Zahlen sind hinlänglich bekannt. Das Statistische Bundesamt erwartet, dass im Jahr 2060 die Bevölkerung der Bundesrepublik von 82 Mio. auf 65–70 Mio. Einwohner/innen gesunken sein wird.[5] Weder ist ein drastisches Ansteigen der Geburtenrate zu erwarten noch wird die Zuwanderung den Rückgang der Bevölkerungszahlen aufhalten können. Die Zahl der 80-Jährigen wird von etwa 4 Mio. (= 5 % der Bevölkerung) kontinuierlich steigen und 2050 den höchsten Wert mit 10 Mio. Menschen erreichen, bis 2060 wird ein Absinken auf 9 Mio. erwartet. Jeder Siebente (= 14 %) der Bevölkerung wird 2060 über 80 Jahre alt sein. Die Zahl der unter 20-Jährigen wird bis 2060 von ca. 16 Mio. auf 10 Mio. sinken und damit nur noch 16 % an der Gesamtbevölkerung ausmachen. Die wesentlichen Änderungen stehen aber in absehbarer Zeit bevor:

> „Bis 2020 werden insbesondere die Altersgruppen der 50- bis 65-Jährigen (+24 %) und der 80-Jährigen und Älteren (+48 %) … wachsen. Die Zahl der unter 50-Jährigen wird dagegen abnehmen (–16 %). Allein die Bevölkerung im mittleren Alter von 30 bis unter 50 Jahren wird um circa 4 Millionen (–18 %) schrumpfen […]".[6]

Auch wenn die hinzugewonnenen Jahre in besserer Gesundheit verbracht werden[7] und einiges dafür spricht, dass bei den meisten Menschen erst kurz vor Lebensende dramatische Erkrankungen zu Pflegebedürftigkeit und Krankenhausaufenthalten führen, kann man nicht ausblenden, dass ältere Menschen verschiedenste Unterstützungsleistungen benötigen. Auch wenn sie meist nicht mit ihren Kindern in einem Haushalt leben, halten doch die Angehörigen einer Familie Kontakt und unterstützen einander. In einer Befragung von 2002 durch eine der ältesten Seniorengenossenschaften in der Arbeitsgemeinschaft des Bürgerschaftlichen Engagements e.V. (Arbes) Baden-Württemberg wünschte und befürwortete

---

5   „2060 werden es zwischen 65 Millionen (bei jährlicher Zuwanderung von 100.000 Personen, Untergrenze der „mittleren" Bevölkerung) und 70 Millionen (bei jährlicher Zuwanderung von 200.000 Personen, Obergrenze der ‚mittleren' Bevölkerung) sein. Auch nach der Variante mit der maximal zu erwartenden Bevölkerungszahl – sie unterstellt eine steigende Geburtenhäufigkeit, einen hohen Anstieg der Lebenserwartung und einen jährlichen Wanderungssaldo von 200.000 Personen – würden 2060 in Deutschland etwa 77 Millionen Menschen leben und damit weniger als heute" (Statistisches Bundesamt 2009, 12).

6   Statistisches Bundesamt 2009, 16.

7   Der dritte Altenbericht spricht von „vorsichtigem Optimismus", „dass sich der Gesundheitszustand der älteren Menschen (auch der Hochaltrigen) in den letzten Jahrzehnten verbessert hat" (Deutscher Bundestag 2000, 70).

die Hälfte der Befragten die Hilfe durch die Familie. Vertrauen und Verlässlichkeit wurden als Hauptgründe angeführt.

> „Die andere Hälfte, die einer Hilfe durch Familienangehörige negativ gegenüber steht, lehnt diese zu einem nicht unerheblichen Teil deshalb ab, weil man der Familie nicht zur Last fallen will. Immerhin 20 Prozent befürchten eine Bevormundung durch die Familie, oder Probleme wegen fehlender Distanz."[8]

Auch im Potsdamer SILQUA-Projekt waren diese Haltungen in der Erhebung von 2010 nachweisbar: Für die meisten ist die Familie am wichtigsten, wenn es darum geht, Hilfe anzufordern oder in Anspruch zu nehmen. Es geht um Besuche, Austausch, Hilfe beim Einkauf, im Haushalt, Gartenarbeit, Mitnahme im Auto oder Hilfe bei körperlich anstrengenden Tätigkeiten.[9] Von sogenannter „guter Nachbarschaft" erwartet man sich eher Dinge wie sich grüßen, freundlich sein, ganz selbstverständlich aufeinander achten, nach Hilfe gefragt werden, Post annehmen, Hilfe anbieten. Die Gewichtungen waren aber durchaus unterschiedlich, je nachdem, ob es sich um das städtische oder ländliche Quartier handelte.[10]

Leben die engsten Angehörigen – als solche werden in der Regel Kinder, Geschwister und deren Ehepartner/innen verstanden – nicht in der Nähe, ist die Frage, wer unterstützen kann. Freunde und Freundinnen, die nicht weit entfernt wohnen, keine persönlichen Mobilitätseinschränkungen haben, sind zunächst die nahestehendsten Personen. An die Nachbar/innen denkt man vielleicht sogar als die naheliegendsten Personen. Wenn dieses nicht greift, weil die Menschen Bedenken haben, Nachbar/innen in das persönlichere und intimere Leben der Versorgung und der emotionalen Bedürftigkeit einzubeziehen,[11] bleiben neben Freund/innen nur noch professionelle Dienste. Ambulante Pflegedienste bieten durchaus Dienstleistungen wie Mobilisierung durch Spazierengehen, Einkaufen u.Ä. an, jedoch sind diese Dienste im Zeitschema getaktet und treffen damit häufig nicht ausreichend die Bedürfnisse und Bedarfe älterer Menschen.

---

8   Arbeitsgemeinschaft Seniorengenossenschaften in der Arbes Baden-Württemberg 2003, 11.
9   Bott u.a. 2013, 86 ff.
10   Bott u.a. 2013, 88 f.; 103 f. Die Kategorie „ganz selbstverständlich aufeinander achten" wurde in der ländlichen Region von sich aus am zweithäufigsten genannt, während es in der städtischen Region unter verschiedenen anderen Möglichkeiten im unteren Bereich rangierte.
11   Siehe dazu Kapitel 3.

Auch finanzielle Aspekte spielen dabei eine Rolle, ob Menschen sich solche Dienstleistungen gegen Geld „kaufen" wollen. In der zunehmend singularisierten Gesellschaft[12] wünschen die meisten Menschen möglichst lange – und eigentlich bis zum Ende – ein Leben in der eigenen Wohnung, in der vertrauten Umgebung. Insofern liegt es nahe, auf bürgerschaftliches Engagement, freiwillige Gemeinschaften und Netzwerke zu setzen, die die vielen kleinen Hilfsdienste und Handreichungen erbringen, die das Leben erleichtern, ermöglichen und dabei auch Kontakt und Zuwendung bedeuten. Im weiteren Sinne können solche Netzwerke auch der sozialen Integration und Teilhabe am Leben im kommunalen Gemeinwesen dienen. Diese entstehen weder von selbst noch ist ihr Funktionieren voraussetzungslos.

Bei gemeinschaftsbezogenen Initiativen kann man strukturell unterscheiden zwischen Initiativen, die von Vereinen, kirchlichen Einrichtungen, Sozial- oder Bildungsträgern, aber auch von Kommunen, Stadt/Land oder Immobilienunternehmen und Genossenschaften getragen werden. Viele Projekte und Hilfen entstehen aber auch in privaten Zusammenhängen oder direkt in der Nachbarschaft und werden gar nicht öffentlich bekannt gemacht. Eine beliebte Form unter älteren Menschen ist z.B., einander morgendlich in einer Telefonkette anzurufen, um miteinander in Kontakt zu bleiben, zu hören, ob es gut geht oder eine irgendwie geartete Notlage bzw. Kümmernisse vorliegen.

Die entscheidende Frage wird in den nächsten Jahrzehnten sein, ob ausreichend freiwillige Verantwortungsgemeinschaften – gleichgültig, wie groß, strukturiert oder organisiert sie sind – entstehen und ob sie vor allem da entstehen, wo der Bedarf am höchsten sein wird. Aufgrund der Wanderungsbewegungen und des oben skizzierten Bevölkerungsverlustes wird es insbesondere in den ländlichen Regionen Ostdeutschlands, aber auch in anderen westlichen Regionen der Bundesrepublik Deutschland zu Versorgungssituationen kommen, in denen die staatliche und professionelle Daseinsvorsorge allein nicht reichen wird, dass alte Menschen ein gutes, selbstbestimmtes Leben mit adäquaten Teilhabemöglichkeiten werden führen können. Das Berlin-Institut für Bevölkerung und Entwicklung hat 2007 für Brandenburg ein „Gutachten zum demografischen Wandel im Land Brandenburg" vorgelegt. Neben einer schonungslosen Analyse hat das Institut

---

12 Die Anzahl der Einpersonenhaushalte stieg in den letzten 20 Jahren in Deutschland kontinuierlich: 1992 12,04 Mio., 2002 14,23 Mio., 2012 16,47 Mio., Tendenz weiter steigend. Bemerkenswert ist, dass keineswegs die Altersgruppe der 60-Jährigen und älter bei den Single-Haushalten zunimmt (1985: 56 %, 2009: 44 %), sondern dass die Zahl an Single-Haushalten der 30- bis 59-Jährigen von 25 % im Jahr 1985 auf 38 % im Jahr 2009 angestiegen ist. Die Zahle der Single-Haushalte der 14- bis 29-Jährigen blieb mit 18 % in diesem Zeitraum konstant (Statista 2013).

äußerst konstruktive, innovative und für ein traditionelles Staats- und Politikverständnis sicherlich provokative Empfehlungen ausgesprochen. Zum Aspekt der „Altenversorgung: Der Generationsvertrag droht zu platzen" merkt das Institut an:

> „In manchen Brandenburger Dörfern wird die Bevölkerung 2030 mehrheitlich aus Alten und Hochbetagten bestehen, die dann prinzipiell einander pflegen müssten. Es werden kaum junge Menschen da sein, die diese Arbeit leisten – und es ist unklar, wer dafür aufkommt. Denn schon heute gibt es weder genug potenzielle Mitarbeiter noch ausreichend ökonomischen Spielraum für angemessene Pflegedienste."[13]

So mutet es als logische Konsequenz an, dass das BMFSFJ die siebte Altenberichtskommission zu dem Thema „Sorge und Mitverantwortung in der Kommune – Aufbau und Sicherung zukunftsfähiger Gemeinschaften" einberufen hat.[14] Nach „Potenziale des Alters in Wirtschaft und Gesellschaft – Der Beitrag älterer Menschen zum Zusammenhalt der Generationen" (Fünfter Altenbericht 2005) und den „Altersbilder[n] in der Gesellschaft" (Sechster Altenbericht 2010) scheint man bereit zu sein, sich damit auseinanderzusetzen, dass der demografische Wandel nicht nur eine Herausforderung ist, nicht nur Potenziale bietet, sondern dass Pflege-, Versorgungs- und Teilhabesituationen von der Gesellschaft selbst gestaltet werden müssen. Gerade wenn die Anzahl der Hochaltrigen zunehmen wird, kann man nicht umhin wahrzunehmen, dass irgendwann viele Menschen zumindest Unterstützung in Alltagsdingen brauchen, auch wenn sie nicht pflegebedürftig im engeren Sinne, bettlägerig oder dement sind.

Das Ziel dieses gesellschaftlichen Diskurses ist klar: Es geht um eine Aktivierung der Engagementwilligen, vor allem aber der Engagementfähigen und um ihren Beitrag zum Zusammenhalt der Gesellschaft. Im Sechsten Altenbericht liest sich das so:

> „Eine selbst- und mitverantwortete Lebensführung im Alter ist aus der Perspektive der Sechsten Altenberichtskommission durchaus im Sinne einer normativen Anforderung zu interpretieren. Für das Gelingen gesellschaftlicher Entwicklung und für die Wahrung von intergenerationeller Solidarität tragen nicht allein die jüngeren Generationen Verantwortung. Das für jeden einzelnen älter werdenden Menschen bestehende Recht, Potenziale zu entwickeln und zu verwirklichen, korrespondiert auch für

---

13   Berlin-Institut 2007, 12.
14   BMFSFJ 2012.

jeden einzelnen Menschen im Rahmen der jeweils bestehenden Möglichkeiten mit Pflichten, nicht nur gegenüber der eigenen Person, sondern auch gegenüber der Gemeinschaft."[15]

sensible Kritik

!

Diese Argumentation ist angesichts der praktischen Aufgaben, die zu bewältigen sind, nachvollziehbar. Trotzdem macht es Sinn, auch die kritischen Stimmen zu diesem Aktivierungskonzept nicht völlig zu übergehen, denn zu sehr ist der Diskurs geeignet, Menschen zu stigmatisieren, die nicht „mittun" wollen und/oder können. Der Tenor dieser Debatte ist, dass bei gleichzeitigem Zurückfahren des Sozialstaates die freiwillig Engagierten und vor allem die zahlreich vorhandenen älteren Menschen, die gegenüber den nachwachsenden Generationen finanziell relativ gut gestellt sind und eine lange Lebenserwartung haben, das auffangen sollen, was der fördernde und fordernde Staat an sozialstaatlich finanzierten Leistungen abbaut. Bei aller Beschwörung einer „demografischen Herausforderung", den vielen geförderten Projektlinien, der Arbeit an der Verbesserung der Altersbilder werden die „Alten" weiterhin subtil mit Begrifflichkeiten wie „Alterslastquotient" und „Überalterung", „Vergreisung" als Problem wahrgenommen.

Die Aktivierungsdebatte im demografischen Wandel lautet klarer formuliert so: Wenn wir schon so viele alte und hochbetagte Menschen sein werden, denen immer weniger junge Menschen gegenüberstehen, die den Generationen-Solidarpakt auch in Form des Einzahlens in die Sozialversicherung erfüllen können, dann müssen wir verschiedenste Aufgaben und Arbeiten dieser alternden Bevölkerung übertragen. Wir erhöhen langsam das Renteneinstiegsalter und schauen, ob es reicht, durch Appelle an Einsicht und Verantwortung genügend Menschen zu finden, die soziale Tätigkeiten wie Kinderbetreuung, die Pflege Älterer und chronisch Kranker, Bildungsarbeiten, Coaching im Job von (jungen) Menschen mit Schwierigkeiten u.v.m. als freiwilliges Engagement ausüben. Wenn diese Freiwilligenwilligenarbeit ausreicht, um die Gesellschaft zusammenzuhalten, die Bedürftigen zu pflegen, können wir das so laufen lassen. Wenn es mit einer Freiwilligenstruktur nicht funktioniert, müssen wir über Zwangskontexte wie z.B. ein Senioren-Freiwilligenjahr der gesunden älteren Menschen nachdenken.

Auch bei einem solchen nur ausgedachten Szenario wird vermutlich zunächst auf Freiwilligenkampagnen gesetzt werden. Die öffentliche Debatte wird zumindest jetzt noch nicht so klar geführt, da die Politik wahrscheinlich Angst vor ihren Wählern und Wählerinnen hat. Allerdings sind Anklänge dieser Art in letzter Zeit nicht zu überhören. Die Worte werden vorsichtiger gewählt, die freie Entscheidung der Einzelnen ist weiterhin das höchste Gut. Es wird auf Einsicht in die

---

15 Deutscher Bundestag 2010, 21.

14

Notwendigkeit und die Freude des Gebens und Nehmens gesetzt. Sachverständigenkommissionen, Expertinnen und Experten preschen schon einmal voran und sprechen aus, wie es gehen könnte. Interessant ist, dass mit dieser Entwicklung die postmodernen Industriestaaten alte Ideale der christlichen Nächstenliebe, der „Caritas", zu Handlungsleitlinien erheben, ohne den zugrunde liegenden Wertekanon zu thematisieren.[16]

Die Aktivierungspraxis der Älteren wird von Sozialwissenschaftlern wie Fabian Kessl, Silke van Dyk und Stephan Lessenich äußerst kritisch diskutiert und kommentiert.[17] Das Aktivierungsparadigma bedeute nicht nur, dass der Sozialstaat sich aus bestimmten Leistungen und Förderungen zurückziehe, sondern dass dabei Steuerungsmechanismen wie Flexibilität, Mobilität, Produktivität, Aktivierung als Selbstzwang in das Individuum hineinverlagert werden. Diese „Neuerfindung des Sozialen" im Dienste der „Wohlfahrt der ‚gesellschaftlichen Gemeinschaft'"(Lessenich) heiße nichts anderes als das Aufgeben des großen Versprechens der Moderne, nämlich als Individuum ein weitgehend selbstbestimmtes Lebens führen zu können.[18]

Im Aktivierungsdiskurs zum freiwilligen bürgerschaftlichen Engagement der Älteren wird davon ausgegangen, dass die fehlenden Ressourcen und viele soziale Leistungen durch die Aktivität der Älteren selbstverständlich freiwillig und unentgeltlich erbracht werden sollen. Angesichts der Zunahme von Altersarmut großer Teile der Bevölkerung in den nächsten dreißig Jahren wird man diese Erwartung eines völlig unentgeltlichen Engagements der Älteren nach einem zudem später stattfindenden Berufsende nicht aufrechterhalten können. Die Gefahr des „Aktivierens um jeden Preis" ist, dass derjenige, der sich nicht engagiert – vorsichtig ausgedrückt –, als „unsozial" gilt. Die „Freiwilligen-Engagementdebatte" ist derzeit vorrangig eine Debatte der Mittelschicht über sich selbst und berücksichtigt nicht die Ungleichheit von Lebensverhältnissen, die daraus resultierenden Verhaltensunterschiede, die gesundheitliche Verfassung und die finanziellen Ressourcen, die im Alter durchaus auf unterschiedliche Lebensverhältnisse und Chancen zurückzuführen sind. All das muss aber in den gesellschaftlichen Diskurs einfließen, denn es geht zwar um das hohe Gut der Generationengerechtigkeit, aber die Ungleichverteilung der Chancen darf nicht ausgeblendet bleiben.

---

16   Müller 1982/1999.
17   Kessl 2011 a; 2011 b; 2012; van Dyk 2009; 2010; 2013; Lessenich 2008/2013.
18   Aus der Verlagsankündigung zu Lessenich (2008/2013): http://www.transcript-verlag.de/ts746/ts746.php (30. Juli 2013).

In dieser komplexen Situation stehen Projekte wie das Potsdamer SILQUA-Projekt oder andere ehrenamtliche Netzwerke zugunsten verschiedener Zielgruppen vor einer unlösbaren Aufgabe: Führt man den Diskurs und verweigert letztlich solche Entwicklungen, um den Abbau des Sozialstaates in der „schönen Engagementdebatte" nicht noch dadurch zu stützen, oder sieht man es praktisch und pragmatisch, dass Aktivitäten und Engagement das Leben von vielen lebenswerter, sinnvoller und vielleicht weniger einsam machen können?

Der Projektantrag für das Potsdamer SILQUA-Projekt war getragen von der Überzeugung, dass die Bewältigung der anstehenden demografischen Situation an vielen Stellen in den industriellen westlichen Gesellschaften von den Menschen selbst kommen müsse. Sie können nicht in einer Versorgungsmentalität verharren und auf den Staat hoffen und setzen, sondern müssen wiederentdecken, anerkennen, dass der Individualismus, die Selbstverwirklichung einer zweiten menschlichen Seite bedarf, die etwas mit Sozialität, respektvollem und wohlwollendem – sicher auch begrenztem – Füreinanderdasein zu tun hat. Lebensrealitäten und Lebensverhältnisse müssen berücksichtigt werden und doch ist das Leben konkret, und was Menschen hilft, ein gutes Leben zu führen, ist beeinflussbar. Es ist ein Schwanken zwischen dem konkreten Tun, dem Anstoßen von Netzwerkprozessen, dem Organisieren von Hilfe und dem Blick auf den aktivierenden Sozialstaat, der Leistungen abbaut und Engagement fordert, um die ausfallenden Leistungen zu kompensieren. Es bleibt Unbehagen, aber auch das Wissen: Ohne Freiwilligen-Engagement werden die Konsequenzen aus der Verschiebung der Bevölkerungspyramide nicht bewältigt werden können.

3. Die Bedeutung von Nachbarschaften für ältere Menschen in Stadt und Land
(Autorin: Santje Maike Winkler)

> „Solidarität muss über die Familiengrenzen hinausgehen. Es gilt deshalb, älteren Menschen neue Wege für Selbst- und Mitverantwortung in der Zivilgesellschaft zu ebnen."[19]

Diese Forderung aus dem sechsten Altenbericht der Bundesregierung findet sich in vielen Ansätzen der Sozialraumplanung, der gemeinwesenorientierten Altenhilfe und Seniorenarbeit sowie der Netzwerkarbeit wieder. Gleichzeitig liegt ihr jedoch eine Prämisse zugrunde, die im Folgenden genauer betrachtet und un-

---

19 Deutscher Bundestag 2010, 271.

tersucht werden soll. Wenn Solidarität über die Familiengrenzen hinausgehen muss, wird Solidarität unter nicht verwandten Menschen gefordert. Es geht dabei nicht um professionelle Hilfe, angesprochen sind hier andere „Netzwerke" von Menschen. Es geht um Freundschaften, aber insbesondere um die Zivilgesellschaft und das, was Klaus Dörner als „dritten Sozialraum" bezeichnet hat:

> „Es handelt sich dabei um den Raum zwischen dem privaten und dem öffentlichen Sozialraum: um das Stadtviertel, die Dorfgemeinschaft oder die Nachbarschaft (…)".[20]

Welche Bedeutung haben aber heutzutage Nachbarschaften überhaupt? Macht es einen Unterschied, ob jemand auf dem Land oder in der Stadt lebt? Und wie ist in diesem Zusammenhang das Erfolgspotenzial dieser Forderung einzuschätzen?

3.1 Die Bedeutung von Nachbarschaften für ältere Menschen

Die Forderung, das nachbarschaftliche Potenzial zu nutzen, um ein Leben im Alter, auch mit den damit verbundenen Einschränkungen, im gewohnten Wohnumfeld fortsetzen zu können, findet sich heute verstärkt in der politischen Debatte um den demografischen Wandel in Deutschland. Die Förderung der Solidarität zwischen den Generationen stellt für Kruse „eine Voraussetzung für die Entstehung und das dauerhafte Bestehen funktionierender Selbst- und Nachbarschaftshilfen"[21] dar. Weniger häufig, wenn auch zunehmend, sind die Überlegungen und Empfehlungen, die sich mit der konkreten Ausgestaltung dieser Solidaritätsförderung und (selbst-)organisierter Nachbarschaften befassen. Doch zunächst stellt sich die Frage, warum Nachbarschaft gerade für ältere Menschen von Bedeutung ist.

Nachbarschaften zeigen sich heute sehr heterogen. Ihnen gemeinsam ist jedoch eine im Alter zunehmende Bedeutung aufgrund des verringerten Mobilitätsradius älterer Menschen. Da liegt es auf der Hand, dass das direkte Wohnumfeld neben der eigenen Wohnung zum Hauptaufenthaltsort wird. Entscheidend ist dann zunächst, inwieweit die Ausstattung der räumlichen und örtlichen Infrastruktur zur Befriedigung der Bedürfnisse ausreicht. Dazu zählen neben der Wohnung[22] vor

---

20 Dörner 2008 a, 23.
21 Kruse 2007, 83.
22 Das Thema Wohnen im Alter findet in diesem Kapitel keine weitere Berücksichtigung, auch wenn etwa zwei Drittel der über 65-Jährigen bis zu vier Fünftel der über 85-Jährigen ihre Zeit dort verbringen und die Wohnung sicher auch als Treffpunkt unter Nachbar/innen von Interesse ist.

allem die Anbindung an den öffentlichen Nahverkehr bzw. die Verfügung über ein eigenes Auto, die Versorgung mit Mitteln des täglichen Bedarfs sowie die medizinische Versorgung. Zum anderen – und darum soll es hier gehen – erhält der Nahraum eine wichtigere Bedeutung für sozialen Kontakt und gegenseitige Unterstützung:

> „In städtischen Regionen leben die über 65-Jährigen im Durchschnitt etwa 20 bis 25 Jahre, in ländlichen Regionen im Durchschnitt 30 bis 35 Jahre am selben Ort."[23]

Das unmittelbare Wohnumfeld und die eigene Wohnung werden im Alter zu einem wichtigen Faktor für die Lebensqualität, weil dort die meiste Zeit verbracht wird. Wenn es aber darum geht, es älteren Menschen zu ermöglichen, (länger) in ihrer vertrauten Umgebung zu bleiben, ist die Nachbarschaft nur eine und in der Regel keine zwingend notwendige Einflussgröße. In erster Linie sind es nach wie vor die Familienangehörigen, vor allem die Töchter und Schwiegertöchter, von denen die wesentliche Unterstützungsleistung und vielfach auch Pflege erwartet und auch erfüllt wird.[24] Hinzu kommt die Unterstützung durch professionelle Dienste wie ambulante Pflegedienste oder Essen auf Rädern.

Die Nachbarschaft dagegen ist zunächst nur eine „soziale Gruppe, die primär wegen der Gemeinsamkeit des Wohnortes interagiert"[25]. Sie ist eine soziale Bezugsgruppe neben anderen, deren Bedeutung bei verschiedenen Menschen stark variieren kann. Hamm hält fest, dass bei nicht mehr mobilen älteren Menschen die Anzahl der Bezugsgruppen insgesamt abnimmt. Auch daher kommt der Nachbarschaft im Alter eine größere Bedeutung zu, weil diese eine beständige Bezugsgruppe bleibt.[26.]

Die Chancen, die nachbarschaftliche Kontakte bieten, liegen vor allem in den Bereichen Kommunikation, soziale Kontrolle und Nothilfe.[27] Austausch und Erkundigungen über das Befinden, wahrgenommen werden, sich grüßen, kurze Gespräche, das Ausleihen von Gegenständen oder Lebensmitteln, das Betreuen der Kinder, das Hüten der Wohnung bei Urlauben oder auch gemeinsame Fei-

---

23 Kruse 2007, 77.

24 Dass die Sorgearbeit innerhalb der Geschlechter bis heute kaum umverteilt wird und nach wie vor stark von bestimmten Rollenerwartungen geprägt ist, wird zu Recht vielfach im Rahmen der Care-Debatte kritisiert; vgl. hierzu etwa Rerrich 2000, 81 f.

25 Hamm 2000, 174.

26 Hamm 2000, 175. Allerdings bleibt hier unberücksichtigt, dass in vielen städtischen Quartieren hohe Fluktuationsquoten und in vielen ländlichen Regionen hohe Wegzugsquoten bestehen, die diese Beständigkeit gefährden.

27 Hamm 2000, 175.

ern. Nachbarschaftliche, soziale Unterstützungsdimensionen können im Allgemeinen untergliedert werden in „emotionale, instrumentelle, Geselligkeitsunterstützung und Informationsweitergabe"[28].

Betrachtet man speziell die Situation der Älteren in der Nachbarschaft, stößt man schnell auf ein Dilemma. Einerseits nimmt die Bedeutung der Nachbarschaft zu, andererseits basiert Nachbarschaft bis heute auf dem Prinzip der Gegenseitigkeit, d.h. die „von den Nachbarn einander erbrachten Leistungen sollen gegenseitig und gleichwertig sein"[29], es soll nichts schuldig bleiben. Gerade für ältere unterstützungsbedürftige Menschen ist diese Reziprozitätsnorm jedoch nicht ohne Weiteres zu erfüllen. Hierin mag ein Grund dafür liegen, dass von deren Seite im Rahmen des nachbarschaftlichen Kontaktes selten Hilfe oder Unterstützung von Nachbarinnen und Nachbarn eingefordert wird. Zudem wird es gesellschaftlich in der Regel honoriert, Dinge selbst realisieren zu können. Hilfebedarf zu äußern, ist mit Scham und eben dem Eingeständnis verbunden, etwas *nicht* selbst geregelt zu bekommen. Die Selbstwahrnehmung als weniger attraktiver Austauschpartner wird ergänzt durch die sogenannte Distanznorm als „wichtigste[r] Norm guten nachbarschaftlichen Verhaltens"[30]. Diese gilt es zu wahren. Zu vermeiden sind unnötiges Einmischen und Neugier. Gegenseitige Unterstützung, Hilfe und Nähe müssen im Rahmen der Nachbarschaft immer der Freiwilligkeit der Beteiligten unterliegen, sollen sie für beide Seiten als positiv erlebt werden. Wie weit man sich auf engere nachbarschaftliche Kontakte einlässt, fällt daher in der heutigen Zeit, wo es unter Nachbar/innen keine festgesetzten Regeln des Kontaktes und keine ökonomischen Abhängigkeiten mehr gibt[31], sehr unterschiedlich aus. Die räumliche Nähe allein macht jedoch noch keinen engen Kontakt aus.

Lang unterteilt die sozialen Beziehungen im Alter in Familienbeziehungen (eheliche Beziehungen, Eltern-Kind-Beziehungen, Großelternschaft und Geschwisterbeziehungen) und Freundschaften und hält fest, dass „ältere Menschen im Vergleich zu früheren Lebensabschnitten bzw. zu jüngeren Erwachsenen weniger soziale Kontakte und Beziehungen unterhalten".[32] Nachbarinnen und Nachbarn tauchen als eigene Einheit hier nicht auf und könnten vielleicht, wenn sie eine wichtige Rolle im sozialen Netzwerk der älteren Person spielen, der Freundesgruppe zugeordnet werden. Dies wäre nicht außergewöhnlich, denn in diversen

---

28   Petermann 2002, 88.
29   Hamm 2000, 175.
30   Scholl/Konzet 2010, 9.
31   Nachbarschaften zeichneten sich seit dem Mittelalter durch klar definierte Zuständigkeiten und gegenseitige Hilfeverpflichtungen (z.B. Erntehilfe, „Pumpengemeinschaft") aus. Vgl. z.B. Barre u.a. 1977, 364.
32   Lang 2000, 142.

Publikationen werden Freunde und Nachbarn gemeinsam ohne weitere Differenzierung genannt. Die immense Spannweite des Nachbarschaftsbegriffs zwischen räumlicher und sozialer Dimension wird hieran deutlich. Sowohl eine rein räumliche Nähe des Wohnortes mit kurzer Wohndauer als auch jahrelange enge Beziehungen mit regelmäßigen Treffen und gegenseitiger Unterstützung fallen unter den Begriff Nachbarschaft. Damit ist zwangsläufig eine gewisse Unschärfe im Verständnis von und in der Verständigung über Nachbarschaften verbunden. Möglicherweise liegt darin mit begründet, weshalb in der soziologischen Forschung Nachbarschaft als Größeneinheit hinter dem Begriff des Netzwerks, der die soziale Dimension des Nachbarschaftsbegriffs abdeckt, auch deutlich zurückgegangen ist. Des Weiteren könnte aus dem bereits dargelegten Bedeutungszuwachs der räumlichen Dimension des Nachbarschaftsbegriffs für Ältere abgeleitet werden, warum der Nachbarschaftsbegriff und die Forderungen nach lebendigen Nachbarschaften im aktivierenden Sozialstaat eine Renaissance zu erfahren scheinen.

In jedem Fall muss dabei aber die Heterogenität der Ausgangslage Berücksichtigung finden und auch die Tatsache, dass gerade ältere Menschen ihre wenigen sozialen Kontakte sorgfältig auswählen: „[Sie] scheinen den Kontakt mit anderen dann eher als belastend zu erleben, wenn dieser nicht als ‚emotional gehaltvoll' oder sinnstiftend erlebt wird".[33] So verwundert es nicht, dass „[f]reiwillige Kontakte zu Nachbarn […] wohlüberlegt, oft erst nach langer Anlaufzeit"[34] geschlossen werden. Wichtig ist dafür, dass sich die Nachbar/innen zunächst einmal kennen und sich auch vertrauen. Der Zeitfaktor spielt hier eine entscheidende Rolle, denn das Nachbarschaftsverhältnis hängt davon ab, wie lange die Bewohner/innen in ihrem Quartier ansässig sind. „Je länger eine Person in ihrem Quartier wohnt, desto größer sind im Allgemeinen auch ihre Kontakte zur Nachbarschaft."[35] Und auch das Lebensalter bzw. die spezifische Lebensphase prägt die Kontaktbereitschaft und -häufigkeit innerhalb von Nachbarschaften. Nach Callies lässt sich etwa feststellen, dass „die Kontakte zur Nachbarschaft in der Regel intensiver werden, wenn Bewohner eine Familie gründen".[36] Nichtsdestoweniger bleiben „die wichtigsten Beziehungen im Alter jene zu den Partnern und Kindern".[37]

Die tatsächliche Bedeutung von Nachbarschaften für ältere Menschen lässt sich zusammenfassend wie folgt beschreiben: Sie zeichnet sich durch eine enorme

33   Lang 2000, 146.
34   Lang 2000, 142.
35   Callies 2003, 32.
36   Callies 2003, 33.
37   Künemund/Kohli 2010, 319.

Spannweite aus, kann, muss aber nicht groß sein. Die räumliche Dimension der Nachbarschaft wird im Alter entscheidender. Sie ist aber darüber hinaus von vielen individuellen und sozialen Faktoren abhängig, welche die Beziehungen zu Nachbarinnen und Nachbarn bestimmen. Daher müssen die Weichen für eine enge Nachbarschaft im Alter eigentlich schon gestellt werden, wenn die Beteiligten noch nicht an den räumlichen Nahraum gebunden sind und ihr Mobilitätsradius groß ist. Im hohen Alter gewinnen starke Beziehungen an Bedeutung. In der Regel gehören dazu weniger die nachbarschaftlichen als vielmehr die familiären und freundschaftlichen.

3.2 Leben ältere Menschen in der Stadt anders als auf dem Land?

Diese Frage wird in der Forschung nicht eindeutig beantwortet. Je nach Studie und Fragestellung werden eher Unterschiede oder Gemeinsamkeiten betont und herausgearbeitet.

Die Bedenken vor allem gegenüber städtischer Nachbarschaft wurden im Laufe der Zeit mal lauter, mal weniger laut geäußert. In den 1970er-Jahren sprach der Theologe und Soziologe Reimer Gronemeyer über die neuen städtischen Quartiere als Wohnmaschinen, die zur „Deformation des Alltagslebens" führten:

> „Der Generalnenner dieser Deformation ist die Verdünnung von Interaktion, Ausmerzung von Selbsthilfe, Selbstversorgung und Selbstorganisation zugunsten einer Reduktion auf privatistische Konsumhandlungen."[38]

Er führt diese Entwicklung auch auf eine „Fragmentierung des Lebens, Umerziehung von Selbstversorgung zu institutionalisierter Versorgung"[39] zurück. Angesichts heutiger Heterogenität der gelebten Nachbarschaften fällt es sicher schwer, dieser provokanten These vorbehaltlos zuzustimmen. Zahlreiche Selbsthilfegruppen, Nachbarschaftsvereine und alltägliche informelle Nachbarschaftshilfen widerlegen diese Aussage erfolgreich. Gleichzeitig wurde dieses Feld der Selbstorganisation, der Begegnung, der gegenseitigen Unterstützung nicht ohne Grund vielfach institutionalisiert und wird es weiterhin. Die sozialen Beziehungen aus primären Kontexten (Familie, Nachbarschaft) wurden um Beziehungen aus sekundären Kontexten (Arbeit, Interessengruppen) ergänzt.[40] Dies gilt für städtische und ländliche Regionen gleichermaßen. Im Sinne einer Community-Liberated-

---

38   Gronemeyer 1977, 51.
39   Gronemeyer 1977, 53.
40   Petermann 2002, 37.

These[41] sind „allgemeine Entwicklungen, wie die Institutionalisierung, die Reduktion zur Kleinfamilie und die größeren Wahlmöglichkeiten für soziale Beziehungen durch moderne Kommunikations- und Transportmittel als Ursachen für den Wandel von geschlossenen, lokalen sozialen Gemeinschaften zu offenen sozialen Strukturen aus frei gewählten Beziehungen primärer und sekundärer Kontexte"[42] zu sehen. Der damit einhergehende Rückgang der Bedeutung der lokalen Gemeinschaften – das heißt der Nachbarschaften – trifft Stadt und Land. Die Bedeutung des Raumes geht zurück, da Bekanntschaften und Freundschaften nicht mehr in gleichem Maße wie früher der räumlichen Nähe bedürfen.

Auch Schweppe bestätigt die Angleichung der Lebensweisen in Stadt und Land und stellt fest, dass etwa seit den 1950er-Jahren „Ansätze, die von einer auf quantifizierbaren Unterschieden basierenden Dichotomie von Stadt und Land ausgehen, sich mittlerweile als unbrauchbar erwiesen [haben] und durch empirische Forschungsarbeiten widerlegt [wurden]"[43]. Hinsichtlich der sozialen Integration reicht also die Unterscheidung allein zwischen Stadt und Land nicht mehr aus. Dennoch zeigen sich natürlich Unterschiede. Sinnvoll differenzieren lässt sich nach der Größe der Siedlungseinheit und der Bevölkerungsdichte, die wiederum Auswirkungen auf die Heterogenität der Bevölkerung haben. So stellt Petermann fest, dass durch Heterogenität „ein größeres und vielfältigeres Potenzial für soziale Beziehungen [bewirkt]"[44] wird. Der städtischen Bevölkerung bieten sich also größere Auswahlmöglichkeiten für soziale Beziehungen durch ihre größere Heterogenität.

Unterschiede zwischen Stadt und Land zeigten sich im Rahmen des Praxisforschungsprojektes „Gut leben im (HOHEN) Alter"[45] vor allem in der Kontinuität der Wohndauer und in einer sozialen Segregation, die vor allem im städtischen Umfeld durch den Wohnungsmarkt erzwungen wird.[46] Die Infrastruktur für das Alter ist in der Stadt besser ausgebaut (Nahversorgung, Mobilität, ärztliche Versorgung). Insgesamt „kennt man sich" auf dem Land eher, die soziale Kontrolle spielt noch eine größere Rolle. Allerdings zeigen sich dadurch auch deutlicher Animositäten unter Nachbarinnen und Nachbarn. Hier schlägt sich die geringere Auswahlmöglichkeit für soziale Beziehungen im kleineren, weniger dicht besiedelten Umfeld nieder. Die größere Auswahl in der Stadt dagegen mag ihre

---

41 Petermann 2002, 28 ff. Nach dieser These wird die Vorstellung aufgegeben, dass Gemeinschaft lokal begrenzt ist und sich auf enge Beziehungsnetzwerke beschränkt.
42 Petermann 2002, 31.
43 Schweppe 2000, 60.
44 Petermann 2002, 37.
45 Untersucht wurden ein städtisches Plattenbaugebiet aus den 1980er-Jahren und fünf Straßendörfer im Havelland (Brandenburg).
46 Vgl. hierzu auch Müller 1977, 220.

Schattenseite in der Anonymität haben – beides ergibt sich allein aus der Siedlungsgröße. Der prozentuale Anteil derjenigen Nachbarinnen und Nachbarn, die man unter 9.000 Einwohner/innen kennt, fällt fast zwangsläufig geringer aus als bei 200 Einwohner/innen. Dennoch gibt es auch im städtischen Plattenbaugebiet gerade unter länger dort gemeinsam lebenden Bewohner/innen gegenseitige Hilfsstrukturen, Austausch und Besuche. Keineswegs ist es also so, dass städtisches Leben gleichzusetzen ist mit sozialer Isolation und Desintegration.[47]

Die „Grenze der Nachbarschaft" scheint sich auf dem Land maximal auf die eigene Straße zu beziehen, in der Stadt werden die Parteien eines Mehrfamilienhauses und je nach Bauart auch Bewohner/innen angrenzender Gebäude als Nachbar/innen angesehen. Deutlich wird aber sowohl in der Stadt als auch auf dem Land, dass eine „tätige Nachbarschaft" sich selten auf mehr als zwei Personen bezieht und in der Regel eine längere, gemeinsame Wohndauer, gegenseitiges Vertrauen und Sympathie erfordern. Eine gemeinsame Dorf- oder Kiezidentität fördert das Miteinander und das Interesse am Wohnumfeld, führt aber nicht automatisch zu mehr Aktivität in der Nachbarschaft.

Gerade hinsichtlich weit verbreiteter Verklärungen des dörflichen Lebens sei verwiesen auf Hamm, der bereits 1973 den Mythos der dörflichen Idylle in Frage gestellt hat:

> „Ganz sicher kann vom Dorf als von einer Gemeinschaft keine Rede sein. Die Nachbarschaftsideologie orientiert sich an einer Fiktion, die wohl kaum jemals Wirklichkeit gewesen ist."[48]

In ähnlicher Weise scheint auch heute noch ein verklärtes Bild dörflicher Nachbarschaft zu existieren, das verkennt, dass die „moderne Welt […] längst in jeden Bauernhof eingezogen [ist]"[49]. Und gerade bezogen auf diese (unterstellte) Bedeutung der Nachbarschaft auf dem Lande ist der Befund von Schweppe interessant: Eine wichtige Unterscheidung zwischen Stadt und Land betrifft nämlich die „Beschaffenheit der Sozialen Netzwerke"[50]. Herausragende Quelle für Unterstützungsleistungen für die ländliche Altenbevölkerung sind Familie und Verwandtschaft, während Freund/innen, Nachbar/innen und Bekannten nur eine geringe Bedeutung zukommt.

---

47 Petermann 2002, 203.
48 Hamm 1973, 47.
49 Petermann 2002, 37.
50 Schweppe 2000, 98.

Dagegen werden in der Stadt die familialen und verwandtschaftlichen Netzwerke zumindest teilweise durch Freundschafts- und Nachbarschaftsbeziehungen ersetzt.[51] Es ist jedoch davon auszugehen, dass sich in Regionen, die von Schrumpfung und Wegzug der jüngeren Bevölkerung betroffen sind, auch hier die Lebensverhältnisse anpassen dürften. Die Frage wird dann sein, ob tatsächlich Solidarität in Form von Netzwerken unter nicht verwandten Menschen als Ersatz bzw. Ergänzung zunehmen oder ob es nicht doch professionelle Netzwerke sein werden. Wenn die Bedeutung sozialer Beziehungen aus sekundären, nicht auf den Nahraum beschränkten Kontexten tatsächlich zunimmt, spräche dies für die letztere Variante.

3.3 Die Grenzen der nachbarschaftlichen Bedeutung

Wie soll nun vor diesem Hintergrund Solidarität in Form von Selbst- und Mitverantwortung unter nicht verwandten Menschen, in Nachbarschaften gefördert werden? Ist dies überhaupt möglich? Dass die Bedeutung des Nahraums und damit auch des sozialen Umfelds im Alter angesichts zurückgehender Mobilität zunimmt, wurde bereits dargelegt. Dass aber „[g]erade ältere Menschen [...] von aktiven Nachbarschaften [profitieren], weil sie dadurch möglichst lange selbstständig zu Hause wohnen und gleichzeitig am sozialen Leben teilnehmen können"[52], darf doch bezweifelt werden. Wie gezeigt wurde, ist es nur in Ausnahmefällen tatsächlich die aktive Nachbarschaft, die es ermöglicht, dass ältere Menschen möglichst lange in ihrem Umfeld bleiben können.

Die Mehrheit der Älteren wird im Alter nicht in ein Heim umziehen müssen. Es ist eine Mischung aus professioneller, institutionalisierter Hilfe (Sozialstationen, Pflegedienste) und familiärer Unterstützungsleistung – meist durch pflegende und sorgende Töchter oder Schwiegertöchter –, die dies ermöglicht. Nachbarinnen und Nachbarn übernehmen ebenfalls kleine Hilfeleistungen, entlasten Familienangehörige durch Achtsamkeit oder kleine Alltagshilfen oder Gespräche. Tragend bzw. systemerhaltend ist diese Rolle jedoch selten. Diese Erkenntnis muss nicht weiter problematisiert werden. Es muss nur für die Frage nach der Förderung solcher Prozesse mitbedacht werden, dass diese stets im Rahmen des freiwilligen Engagements geschehen. Und dies hat Auswirkungen auf den Umfang, die Engagementbereitschaft, die Zuverlässigkeit und Dauer des Einsatzes der beteiligten Freiwilligen.

---

51 Schweppe 2000, 99.
52 Scholl/Konzet 2010, 9.

Organisierte Nachbarschaftshilfe setzt meist dort an, wo informelle Nachbarschaftshilfe nicht von allein geschieht. Auch dies hat in der Regel Gründe. Die im Kontext der demografischen Entwicklung in den letzten Jahren beinahe inflationär geäußerte Forderung, nachbarschaftliche Hilfe und Netzwerke zur Unterstützung zu entwickeln und soziale Teilhabe älterer Menschen zu fördern, steht vor dem Hintergrund der vorausgegangenen Erörterung vor einigen grundsätzlichen Herausforderungen und Fragen: Wie kann Gegenseitigkeit innerhalb von nachbarschaftlichen Beziehungen mit älteren Menschen hergestellt werden? Ist Nachbarschaft überhaupt die richtige Bezugsgröße und wird sie in ihrer bescheidenen Bedeutung nicht überfordert? Wie kann der Zugang zu den älteren Bewohnerinnen und Bewohnern hergestellt werden? Ist von deren Seite überhaupt eine Offenheit da, sich im Alter auf eine organisierte Nachbarschaft und damit zunächst fremde Personen einzulassen?

In vielfältiger Weise werden Verfahrenswege und Konzepte als Antworten auf diese Fragen in Modellprojekten, Bürgerhäusern und Quartiersbüros gesucht, um den aktuellen Forderungen nachzukommen. Die bisherigen Erfahrungen sind aber – abgesehen von einigen „Leuchttürmen" – häufig ernüchternd.

3.4 Fazit und Ausblick

Die Nachbarschaft *kann* für ältere Menschen eine wichtige Rolle spielen, vor allem weil sie sich im Unterschied zu Familienangehörigen oder auch Freund/innen maßgeblich durch die räumliche Nähe auszeichnet, die im Alter einen Bedeutungszuwachs erfährt. Gleichzeitig *muss* die Nachbarschaft aber keine wichtige Rolle spielen, denn die räumliche Nähe allein stellt noch keine soziale Nähe her, sondern hängt von weiteren Faktoren wie der Wohndauer, Gelegenheitsstrukturen für Treffen, persönlicher Sympathie, gemeinsamen Interessen, ähnlicher sozialer Lage oder der erfolgreichen Balance zwischen Nähe und Distanz ab. Es dürfte also bezweifelt werden, dass allein die Forderung nach mehr Solidarität über Familiengrenzen hinaus tatsächlich zu einer (Wieder-)Belebung von Nachbarschaften beiträgt. Zudem scheint die Bedeutung des Raumes (d.h. der räumlichen Nähe) für die Gestaltung sozialer Kontakte und Netzwerke angesichts der Ausbreitung „virtueller Räume" perspektivisch abzunehmen.

Auch wenn die Forderung nach Solidarität also wichtig ist, sind Nachbarschaften mit der Erfüllung dieser Forderung meist überfrachtet. Möglichkeiten der Einflussnahme Sozialer Arbeit auf Nachbarschaften mit dem Ziel, das (längere) Zuhauseleben älterer Menschen in ihrem gewohnten Umfeld zu ermöglichen, sind vorhanden, aber deutlich begrenzt. Und so kann es – gerade im Wissen um die eigenen wie auch die nachbarschaftlichen Grenzen – nur darum gehen, die oben genannten Herausforderungen systematisch zu bearbeiten: Es müssen Formen gefunden und erprobt werden, wie Gegenseitigkeit innerhalb der nachbarschaftlichen Beziehung zu und zwischen Älteren hergestellt oder Asymmetrien aufgefangen werden können. Ein erster Schritt kann hier auch darin bestehen, den weit verbreiteten Glauben vieler älterer Menschen an die eigene Unattraktivität als Tauschpartner offen infrage zu stellen und aufzubrechen.

Für die Bestimmung der richtigen Bezugsgröße eines Nachbarschaftsprojektes ist es wichtig, den Bewegungsradius der Beteiligten einzubeziehen. Im Zweifel müssen sich Projekte daran orientieren – auch wenn Förder- und Verwaltungslogiken zunächst andere Rahmen vorgeben.

Die begrenzte Funktion von Nachbarschaft sollte bekannt sein und auch in der Arbeit mit Bewohnerinnen und Bewohnern klar benannt werden, um falsche Erwartungen zu vermeiden. Es scheint angeraten, die Bedeutung der Nachbarschaft als Ort direkter Kommunikation zu betonen und Arbeitsschwerpunkte daran auszurichten. Alle weiteren Ziele wie gegenseitige Unterstützung und Solidarität werden auf diese Basis zurückzuführen sein. Gerade in diesem Feld sind vielfältige und kreative Arbeitsweisen gefragt, denn keine Nachbarschaft ist wie die andere. Es braucht daher mutige Testläufe, die auch einmal scheitern dürfen.

Die Schnittstelle zur institutionalisierten und alltäglichen Hilfe der Älteren ist der Dreh- und Angelpunkt für einen Zugang zu ansonsten isolierten Älteren, vor allem in der Stadt. Hier sind allen voran Ärzte und ambulante Pflegedienste gefordert, sich aktiv(er) einzubringen und sich für die Zusammenarbeit zu öffnen. Letztlich wird aber die Arbeit an der Offenheit (nicht erst) der Älteren, sich auf zunächst Fremde einzulassen, Unterstützungsbedarf anzuerkennen und Hilfe zuzulassen, im Zentrum jeder Nachbarschafts- und Netzwerkarbeit im demografischen Wandel stehen. Schnelle Erfolge dürften daher eher die Ausnahme sein, und ein Allheilmittel wird Nachbarschaft nicht werden. Forderungen nach einem solchen bergen die Gefahr, an heutigen Lebensrealitäten vorbeigehende Lösungen zu entwickeln, die zwangsläufig in der Konfrontation mit diesen scheitern müssen. Es wird also darum gehen, mit dem zu arbeiten, was die Lebensrealitäten hergeben. Das ist zumindest für die Soziale Arbeit und insbesondere die Gemeinwesenarbeit nichts Neues und klingt banaler, als es ist. Und so wie Nachbarschaften vielfach im Kleinen, Unscheinbaren gedeihen, gilt dies auch für die anspruchsvolle Arbeit im dritten Sozialraum.

4. Die Rolle von Netzwerker/innen, Moderator/innen, Kümmerern im Engagement für den demografischen Wandel

Wenn es um ein Engagement für das Zusammenleben im jeweiligen Sozialraum, im städtischen Quartier, im Dorf oder in der Gemeinde geht, ist die Frage, ob es eines Netzwerkers, Moderators oder Kümmerers bedarf, der Prozesse anstößt, begleitet, motiviert, der zuhört, berät, über Ressourcen verfügt, diese besorgt oder zur Verfügung stellt. Macht es einen Unterschied, ob sich eine Person, die diese Funktionen übernimmt, als Netzwerker/in, als Moderator/in oder als Kümmerer versteht bzw. so bezeichnet wird?

Von der Funktion her verstehen wir darunter Menschen, die sich um Prozesse des (intergenerationellen) Austausches und Engagements kümmern, im weitesten Sinne Projekte, Initiativen, langfristige Netzwerke auf den Weg bringen, die bestimmten sozialen Gruppen – z.B. Älteren, Jüngeren, Armen, Behinderten oder einfach den Menschen allgemein in diesem Quartier – nutzen. Dabei ist zunächst für die gewählte Begrifflichkeit gleichgültig, ob die Personen diese Arbeit in einem professionellen Anstellungsverhältnis ausüben, d.h. bei einem Träger der Wohlfahrtspflege, bei einer Kommune, Kirchengemeinde, Wohnungsbaugesellschaft oder bei einem Verein, Seniorenbüro, Bürgerhaus, Mehrgenerationenhaus u.Ä. angestellt sind. Auch freiwillig engagierte Bürger/innen können eine solche Funktion übernehmen; meist wird das im Rahmen einer schon bestehenden Institution, z.B. eines Mehrgenerationen- oder Bürgerhauses, geschehen. Aber auch ein völlig freies, selbstmotiviertes Engagieren für eine Nachbarschaft ist denkbar, da immer mehr Freiwillige ein bürgerschaftliches Engagement ohne Sozial- und Bildungsträger bevorzugen.

Der Hintergrund, ob überhaupt und welche Art der Anstellung oder des Freiwilligenengagements, wird sich wahrscheinlich auf die Ausübung und das Selbstverständnis, welche und wessen Interessen ggf. handlungsleitend sind, auswirken. Vermutlich ist es auch von den Personen selbst bzw. dem Anstellungsträger abhängig, welche Begrifflichkeit bevorzugt wird. Ein Netzwerker werkelt herum, schafft Verbindungen, scheint eher ein Macher zu sein, der die Strippen zieht und ein Interesse daran hat, dass „das Netzwerk" größer, einflussreicher und stabiler wird. Für jene, die sich als Kümmerer verstehen, steht im Vordergrund, zu helfen und einer Sache zu dienen, obwohl auch sie die gerade beschriebenen Aufgaben eines Netzwerkers werden wahrnehmen müssen. Der Begriff des Moderators ist assoziiert mit den Medien, Fernsehen und Rundfunk oder politischen Gesprächsrunden und wird verstanden als Person, die durch eine Sendung, eine

Diskussion führt und dabei die einzelnen Programmpunkte ankündigt, durch Kommentare verbindet und erläutert. In Prozessen des freiwilligen Engagements ist diese Rolle gut übertragbar und steht von dem Bedeutungsgehalt am ehesten für eine professionelle Ausübung und eine gewisse Distanz, aber auch für die Förderung des Handelns Anderer.

Im Grunde genommen haben diese drei Begriffe neben den gemeinsamen Aspekten des „Beförderns" von Engagementprozessen, der Einbindung von anderen Personen, der Organisation von freiwilligen Austausch- und Hilfeprozessen zugunsten verschiedener sozialer Gruppen in den Bedeutungsunterschieden Verhaltensaspekte, die alle – zu verschiedenen Zeiten – in solchen Engagementprozessen gebraucht werden. Es gibt Zeiten, in denen das Helfen, Zuhören, Mittragen, Sichkümmern im Vordergrund stehen, aber auch Zeiten, in denen man geschickt und versiert an Netzen strickt und sich Einfluss und Gehör verschaffen muss. An anderer Stelle wiederum ist es wichtig, zu begleiten, zu kommentieren, zu verbinden und sich selbst zurückzunehmen, die anderen machen zu lassen, ihnen Anerkennung zu geben.

Zwei weitere Begriffe sollen zumindest erwähnt werden. In städtischen Gebieten mit besonderem Entwicklungsbedarf, die im Rahmen des Bundesprogramms „Soziale Stadt" gefördert wurden oder werden, haben sich seit den 1990er-Jahren die Begriffe des Quartiersmanagements und des Quartiersmanagers/der Quartiersmanagerin etabliert. Da im Quartiersmanagement neben all dem, was oben beschrieben wurde, die wirtschaftliche Entwicklung eines Gebietes, die Schaffung von Arbeitsplätzen neben dem Zusammenleben verschiedener Communitys eine wesentliche Rolle spielen und es immer um eine professionelle Tätigkeit in einem Quartiersbüro geht, soll dieser Begriff hier in dem Kontext „Soziale Stadt" belassen werden. Historisch viel früher entstanden ist in der Sozialen Arbeit die Gemeinwesenarbeit als dritte Methode neben der Einzelfallhilfe und der Sozialen Gruppenarbeit. Durch die Gemeinwesenarbeit wurde der Blick dafür geschärft, dass das Verhalten von Menschen im Rahmen ihrer Lebensbedingungen und der gesellschaftlichen Widersprüche von sozialer Ungleichheit zu verstehen ist. Insofern war Gemeinwesenarbeit immer eine Arbeit in und mit sozialen (Rand-)Gruppen, die ermutigt, gestärkt und befähigt werden sollten, ihre Interessen selbst zu vertreten und Einfluss auf die Gestaltung ihrer Lebensräume zu nehmen. Mit Sicherheit hatte die Gemeinwesenarbeit am ehesten den politischen Anspruch, durch Befähigungsprozesse für eigene Interessenvertretung soziale Ungleichheit und Ausgrenzung in den Fokus zu nehmen und zumindest in Ansätzen zu überwinden.[53]

---

53 Vgl. Hinte u.a. 2011 und Kessl (2005/2013).

Die Begriffe Netzwerker/in, Moderator/in, Kümmerer, Quartiersmanager/in und Gemeinwesenarbeiter/in können auf einem Kontinuum von Prozessen – salopp formuliert – des Förderns des sozialen Miteinanders und Füreinanders gesehen werden, wobei Unterschiede bezüglich der professionellen Funktion, des Auftrages und des politischen Anspruchs bestehen. Die hier gewählten drei Begriffe fokussieren zunächst mehr auf die Prozessgestaltung und nicht per se auf einen politischen Anspruch der Überwindung von Ungleichheit. Nichtsdestoweniger sollten Menschen, die diese Aufgaben übernehmen, nicht unpolitisch und fern jeglicher Sozialstaatsdebatten um Aufgaben, Funktionen, Verwendung von öffentlichen Mitteln ihre Tätigkeit ausüben.

Mit welchen Anforderungen wird ein Netzwerker/eine Netzwerkerin konfrontiert? Es geht um eine Zusammenarbeit mit Menschen unterschiedlichen Alters, mit Persönlichkeiten, Lebenserfahrungen, Bedürfnissen und meist mit unterschiedlichen materiellen Ressourcen und bei Migrationshintergrund mit interkulturellen Erfahrungen. Es ist nicht damit getan, kommunikationsfreudig zu sein und auf Menschen zugehen zu können, sondern es geht immer wieder um eine gute Balance zwischen eigener Kommunikationsfreude, dem Zuhören-, Begrenzen-, Motivieren- und Vermitteln-Können.

Das Begrenzen, um auch anderen Raum zu geben, gerade wenn sie zurückhaltender sind oder sich nicht so eloquent äußern können, ist etwas, das zu Unmut und Kränkungen führen kann. In intergenerationellen Prozessen zwischen Alt und Jung muss man manchmal vermitteln, da manche ältere Menschen vor lauter Freude, ihre Erfahrungen weiterzugeben, ihre Zuhörer/innen überlasten und anderen wenig Platz lassen. Zu den schwierigen Prozessen gehört auch, mit Menschen umzugehen, die lebensgeschichtlich schwere Kränkungen hinnehmen mussten – die z.B. durch die politische Wende langzeitarbeitslos wurden, ihre gesellschaftlichen Positionen verloren haben – und die diese Geschichten immer wieder erzählen wollen und müssen, damit aber manchen Gruppenprozess sprengen. Hier wird entscheidend sein, ob der/die Netzwerker/in im persönlichen Gespräch solchen Menschen das Gefühl von Verständnis und Angenommensein vermitteln und ebenfalls deutlich machen kann, dass dies nicht immer wieder in den Engagementprozessen im Vordergrund stehen kann.

Aus der Zusammenarbeit mit den Menschen vor Ort erwachsen Vertrautheit und Nähe zu denjenigen, die sich einbringen und engagieren. Netzwerker/innen müssen sich damit auseinandersetzen, wie weit diese Nähe geht – z.B. wem man das „Du" anbietet oder den Wunsch erfüllt, sich zu duzen. Man muss sich darüber im Klaren sein, ob das „Du" notwendig ist, um überhaupt miteinander arbeiten zu können – und was diese Art von Nähe gegenüber anderen Menschen, die potenzielle Engagementwillige sind, signalisiert. Es gibt keine klaren Handlungsanweisungen oder eindeutigen Regeln, wie man sich in solchen Freiwilligengengagement-, Aktivierungs- und Motivierungsprozessen verhalten sollte. Soziale Quartiere, Regionen, ihre Traditionen sind unterschiedlich und Netzwerker/innen müssen auf ihre Authentizität setzen, die eine eigene Überzeugungskraft hat und signalisiert, was sie als Person, als Mensch ausmacht.

Trotzdem ist es notwendig, immer wieder einmal darüber nachzudenken, ob etwa das eigene Rollenverständnis und eventuell Personen, die in den Engagementprozessen das Sagen haben, mit denen man vielleicht gut kooperiert, andere davon abhalten, sich zu engagieren. Häufig ist es so, dass die Netzwerker froh sind über jede Person, die sich einbringt und längerfristig engagiert. Erst im Nachhinein wird oft deutlich, dass genau diese oder jene Zusammenarbeit andere davon abgehalten hat, sich mehr einzubringen. Auch hier gibt es keine klare Handlungsanweisung, was richtig ist und was man besser nicht tun sollte. Es bedarf der Reflexion und einer Abwägung, wie man möglichst viele Menschen einbezieht, was man anspricht, hinterfragt und versucht zu klären, um diesem Ziel näher zu kommen. Netzwerker/innen müssen sich durchaus die Frage stellen, mit wem sie sich verbünden, wie sie über andere sprechen und wie weit ihre Vertrautheit mit einzelnen Engagierten geht.

Die Beziehungsarbeit des Netzwerkers/der Netzwerkerin muss getragen sein von Geduld, einem Vertrauen auf die Entwicklung mit der Zeit und darauf, dass Umwege manchmal gegangen werden müssen und Niederlagen dazu da sind, um überwunden zu werden. Gerade wenn man es mit Menschen zu tun bekommt, die zwar verbalisieren, dass sie sich engagieren, bei denen nach und nach aber deutlich wird, dass sie eher spalten und ein Interesse daran haben, dass Dinge nicht gelingen, wird der Netzwerker/die Netzwerkerin sich durchaus mit eigenen Gefühlen des Ärgers, der Frustration, vielleicht sogar mit Impulsen des „Zurückgebens" auseinandersetzen müssen. Wie geht man mit jemandem um, der immer zugegen ist, alles Wesentliche mitbekommen möchte, aber vorrangig mäkelig kommentiert, es besser weiß und schon immer wusste, dass es „so nicht funktionieren kann"?

Ein Beispiel aus dem Potsdamer SILQUA-Projekt

In der Zusammenarbeit mit einer älteren Bürgerin, die sich für ihre Region engagieren wollte, viele Ideen und Fähigkeiten hatte, kam es nach einigen Gesprächen, was man denn in dem Sozialraum so alles machen könnte, gegenüber den jüngeren Projektmitarbeiter/innen zum Angebot des „Du". Überrascht und etwas überrumpelt – die Frage des Siezens war im Projektteam besprochen worden, allerdings ohne eine Regelung festzulegen – akzeptierten die Mitarbeiter/innen dies. Da die anderen Bürger/innen, die in der Regel ebenfalls älter waren als die Projektmitarbeiter/innen, beim „Sie" blieben, genoss die Bürgerin ein Alleinstellungsmerkmal an vermeintlicher Nähe und Vertrautheit. Sie konnte von den SILQUA-Mitarbeiter/innen und ihrer Zusammenarbeit in einer Weise erzählen, die unter Erwähnung des Vornamens anders wirkte, als wenn andere Bürger/innen von Frau X. oder Herrn Y. sprachen. Dass dies durchaus registriert wurde, wurde im Laufe der Zeit durch entsprechende Kommentare anderer Personen klar. Nach und nach wurde deutlich, dass in diesem Sozialraum die DDR-Vergangenheit – wer war staatstragend, parteipolitisch engagiert oder kirchennah – weiterhin eine Rolle spielte. Menschliche Vorbehalte, Urteile übereinander und langjährige Erfahrungen miteinander standen einem dauerhaften Engagement entgegen, unabhängig davon, ob man eher staats- oder kirchennah gewesen war.

Dies alles ist menschlich und nachvollziehbar, legt aber nahe, dass Engagementprozesse im demografischen Wandel nicht nur das Ergebnis von ausgefeilten methodischen Zugängen wie aktivierender Befragung, wertschätzender Erkundung, Zukunftswerkstätten oder Workshops mit Bürger/innen über ihre Bedarfe und Bedürfnisse u.Ä. sind. Wenn unterschiedliche Engagementtypen und Charaktere zusammenkommen, kann diese Problematik des „Wer kann mit wem?" in den meisten Fällen durch eine von allen Seiten anerkannte und ausgleichende Moderation aufgefangen werden. Aber auch das klappt nicht immer!

Vernetzungs- und Engagementarbeit ist keine Therapie und begleitende Beratungsprozesse betreffen zunächst und in der Regel nicht das Verhalten einzelner. Auch hier ist es sinnvoll, zunächst einmal in seinen Kommentaren gegenüber anderen Engagierten zurückhaltend zu bleiben und mit Kolleginnen und Kollegen der eigenen Institution oder aus anderen Regionen die Problematik in Form einer Intervision zu beraten. Werden eigene persönliche biografische Aspekte wesentlich berührt, sodass der Netzwerker/die Netzwerkerin sich immer unsicherer, gar unfreier fühlt zu handeln, kann es sinnvoll sein, vorübergehend mit einem Supervisor/einer Supervisorin zu arbeiten. Meistens wird das Instrument der kollegialen Intervision ausreichen, um die weitere Arbeit und eine Konfliktlösung zu entwickeln.

Ein Netzwerker/eine Netzwerkerin sollte sich über das, was er/sie selbst an Anerkennung in der Arbeit braucht, im Klaren sein. Gerade im Bereich des freiwilligen oder bürgerschaftlichen Engagements geht es zunächst um die Anerkennung für die Engagierten, denn ihre Investition an Zeit, Arbeit, Kraft, Engagement emotionaler, geistiger und physischer Art wird nicht entlohnt. Die Belohnung liegt in dem, was die Personen für sich aus dem Engagement mitnehmen, und manchmal in öffentlichen Anerkennungen und Auszeichnungen. Netzwerker/innen sind also in einer Situation, in der sie selbst dafür sorgen müssen, dass die Engagierten sich gewürdigt und anerkannt sehen, sodass sie weiterhin sich zur Verfügung stellen. Braucht ein Netzwerker/eine Netzwerkerin selbst viel Bewunderung durch die freiwillig Engagierten oder möchte er/sie Projekt- und Engagementerfolge vorrangig als eigene Erfolge gewürdigt sehen, weil er/sie die Engagierten zusammengehalten hat, so ist das eher ungünstig. Netzwerker/innen haben vorrangig die Funktion eines Katalysators, Beraters, Ermutigers oder des „guten Geistes" im Hintergrund.

Der „Kollateralnutzen"[54]

Ein Beispiel dafür, wie souverän Netzwerker/innen den Engagementprozessen dienen sollten, sind Prozesse des „Kollateralnutzens". Der/die Netzwerker/in initiiert etwas oder führt etwas – z.B. eine Erhebung – durch, das von den Bewohner/innen oder Nutzer/innen selbst erneut aufgegriffen und anders gestaltet wird. Meist werden die Initiative oder Erfolge eines solchen Projektes nicht mit den ursprünglichen Initiatoren in Zusammenhang gebracht, sondern allein den Engagierten zugerechnet. Dies muss man als Netzwerker/in souverän akzeptieren und den Nutzen und die Weiterentwicklung des Quartiers im Auge haben.

In einer Region wurden am Ende des Potsdamer SILQUA-Projektes genau noch einmal die gleichen Prozesse in Angriff genommen, die zu Beginn des Projektes unter Einbeziehung und Absprache mit den kommunal Verantwortlichen stattgefunden hatten. Öffentliche Workshops unter Federführung der Kommunalverwaltung und des Demografiebeauftragten sollten die Bürgerinnen und Bürger nun aktivieren und motivieren, Prozesse und Notwendigkeiten angesichts des demografischen Wandels – z.B. nachbarschaftliche Hilfeleistungen – nachhaltig anzugehen. Gerade in Zeiten der Evaluation von Nutzen und Effizienz von Maßnahmen ist die Frage nach dem Erfolg von Netzwerker/innen oder Projekten nicht immer so einfach beantwortbar und messbar, wenn man das Phänomen des „Kollateralnutzens" betrachtet. Manches braucht Zeit, um zu reifen, und manchmal ist entscheidend, wer Prozesse ausruft und anstößt und nicht, dass man etwas hätte schon früher haben können, wenn mitgemacht worden wäre.

Die Rolle des Netzwerkers/der Netzwerkerin ist eine spannende und eine dienende. Man kommt mit interessanten Menschen unterschiedlichster Herkunft

---

54 Der Begriff geht zurück auf Prof. Dr. Angela Mickley, Expertin für Friedenserziehung und Mediation an der Fachhochschule Potsdam, Fachbereich Sozialwesen. Sie bezeichnet damit, dass es in Prozessen zu unbeabsichtigten, sinnvollen und nützlichen Folgen kommen kann, ohne dass jemand noch erinnert, auf wen die Initiativen eigentlich zurückgehen. Das Wort „Kollateralschaden" – aus dem militärischen Bereich kommend – wurde erstmalig im Kosovokrieg verwendet und von der Gesellschaft für Deutsche Sprache 1999 zum Unwort des Jahres erklärt, da es ein grausames Kriegsgeschehen beschönigend umschreibt.

zusammen und möchte mit ihnen gemeinsam etwas bewegen. Wie in allen gemeinwesenorientierten Prozessen spielen Persönlichkeiten und Gruppenprozesse, aber auch gute Ressourcen (wie Räumlichkeiten, das Zur-Verfügung-Stellen von Internetzugängen, etwas Geld für Öffentlichkeitsarbeit u.a.) eine wesentliche Rolle dafür, ob die Prozesse gelingen. Wer als Netzwerker/in sehr viel Raum für die eigene Selbstdarstellung und Bestätigung für seine Arbeit braucht, ist in einer solchen Position wahrscheinlich nicht gut aufgehoben. Gleichzeitig muss ein Netzwerker aber doch Ausstrahlung und Überzeugungskraft haben, denn die Zusammenarbeit betrifft nicht nur die Bürgerinnen und Bürger, sondern ebenso Kommunalpolitiker/innen, mögliche Sponsoren, ansässige Unternehmen, andere im Sozialraum vorhandene soziale und Bildungsträger. Hier gilt es genauso zu überzeugen, zu motivieren, für eine Sache zu gewinnen – nur das Parkett ist ein wenig anders.

5. Projekte mit älteren Menschen und für sie

Die Lebenszeit nach dem Ausscheiden aus dem Beruf sehen heutzutage wohl nur noch die wenigsten Menschen als eine lange Freizeitphase an, die mit Freizeitaktivitäten, Reisen und Events zu füllen ist. Für viele Menschen in der Nacherwerbsphase ist das Wichtigste, dass sie nicht mehr einem fremdbestimmten beruflichen Regime mit festen Zeiten unterliegen. Wenn sie sich weiterhin im Sinne der ehemaligen Berufstätigkeit engagieren, handelt es sich in der Regel um eine begrenzte Zeit. Die meisten erleben diese Art von nachberuflicher Tätigkeit als besonders befriedigend, weil ihr Wissen und ihre Erfahrung noch gefragt sind, sie neue Entwicklungen mitbekommen, aber nicht mehr die volle Verantwortung für Prozesse tragen müssen und immer wieder gehen können. Dass diese Art von (nach-)beruflicher Tätigkeit noch adäquat vergütet wird, macht sie zusätzlich attraktiv.

Bei anderen familiären oder freiwilligen Engagements, in denen Bildung, Kultur, Ökologie, technische Hilfe/Instandsetzung, Notfallhilfe, Soziales, Unterstützung von Kindern, Jugendlichen, Alleinerziehenden, alten Menschen, Menschen mit Migrationshintergrund oder Anderes im Vordergrund stehen, ist der Umgang mit der Zeit weitgehend selbstbestimmt und im gegenseitigen Einvernehmen einteilbar. Natürlich finden Freiheit und Selbstbestimmung oft eine gewisse Einschränkung, wenn es beispielsweise um die verbindliche Unterstützung von kranken Angehörigen oder die Betreuung von Enkeln geht, damit die Kinder und Schwiegerkinder dem Beruf nachgehen können. Ansonsten gilt, dass die Inhalte der Beschäftigung oder des Engagements immer wieder neu justiert werden können.

Themen und Interessen Älterer (und natürlich auch Jüngerer) unterliegen einem lebenslangen Wandel, wobei gesellschaftliche Trends, Themen und auch Notwendigkeiten eine Rolle dabei spielen, was für die ältere Generation interessant ist und welchen Interessen sie sich zuwendet. Jede Generation wird an ihren (Lebens-)Einstellungen, am Freizeitverhalten und an ihren Vorlieben festhalten, solange es die Gesundheit erlaubt, den jeweiligen Interessen nachzugehen. Gleichwohl spielen durch den öffentlichen Diskurs zum demografischen Wandel seit einigen Jahren Themen der Teilhabe älterer Menschen am gesellschaftlichen Leben, Hilfestellungen, um ein möglichst autonomes und selbstbestimmtes Leben aufrechtzuerhalten, und die intergenerationelle Zusammenarbeit eine zunehmende Rolle. In einer Themenfindung für ein freiwilliges Engagement – völlig selbstorganisiert oder mit Hilfe eines Netzwerkers/einer Netzwerkerin –, die dem Zusammenleben im jeweiligen Sozialraum, Stadtteil, Quartier, Dorf oder in der Gemeinde dient, spiegeln sich diese Prozesse wider.

Im Folgenden werden Themenbereiche vorgestellt, die besonders gern in Angriff genommen werden, die auch sinnvoll sind, wenn es um die Zielgruppe „Ältere Menschen" oder den Aspekt der „intergenerationellen Zusammenarbeit" geht. Ältere Menschen wollen sich keineswegs immer nur mit Themen auseinandersetzen, die ihr persönliches Wohlbefinden, ihr Leben im Quartier[55] in den Vordergrund stellen. Beides ist gewünscht: Sie haben einerseits aufgrund von Veränderungen, die das Altern mit sich bringt, bestimmte Bedarfslagen, aber es besteht bei den meisten Älteren ein hohes Interesse, sich mit jüngeren Menschen auszutauschen, auch mit ihnen gemeinsam oder für sie tätig zu sein. Dass diese Zusammenarbeit nicht immer reibungsfrei ist, dass die Älteren auf Grund der Intention, ihnen wichtig erscheinende Erfahrungen unbedingt und detailliert teilen zu wollen, manchmal die Jüngeren nicht genug zu Wort kommen lassen, ist so und muss in einer klugen Moderation berücksichtigt werden. Sind Fremdsein und Scheu überwunden, lässt sich in der Regel auch das ausbalancieren. Aus der im Potsdamer SILQUA-Projekt über 2 ½ Jahre gehenden Praxisarbeit haben sich die hier vorgestellten Themen und Ansätze als stabile Interessensschwerpunkte im Engagement für den demografischen Wandel und seine Folgen herauskris-

---

55 Wenn sich im Folgenden auf das Wort „Quartier" beschränkt wird, steht das sowohl für städtische als auch für ländliche Sozialräume. Es geht um kleinräumige Strukturen, in denen die Menschen leben. Das können der Kiez, das Quartier, der Stadtteil, aber auch das Dorf, Dorfteile oder eine Gemeinde mit ihren Ortsteilen sein.

tallisiert. Im Anhang finden sich für sechs der sieben Themenfelder nützliche Literaturhinweise und Links.

5.1 Empowerment und Befähigung für selbstorganisierte Projekte

Ziel

Bürgerinnen und Bürger sollen ermutigt, gestärkt und befähigt werden, eigene Aktivitäten mit anderen zu organisieren und Projekte für Menschen im Quartier zu entwickeln. Beide Formen – Einzelengagements und Zusammenarbeit in einer Gruppe – haben ihre Berechtigung und sind auch von der Erfahrung der Menschen abhängig, ob sie sich dabei wohl fühlen, sich mit anderen für andere zu engagieren, oder ob sie lieber allein etwas für andere initiieren und durchführen. Wichtig ist, dass Menschen „auf dem Weg zum Engagement" sich darüber Gedanken machen, in welcher Konstellation Engagement für sie passend ist.

Einstieg

Persönliche Ansprache, Werbung mit bekannten und in der Region üblichen Medien: Tageszeitungen, regionale kostenlose Werbezeitungen (die meist gern gelesen werden), Flyer, Plakate, wenn vorhanden Stadtteil-/Gemeinderadio, Bekanntmachung über die Website der Kommune, andere Formen im Internet, Ansprache von gut vernetzten, im Quartier anerkannten Personen (z.B. Seniorenbeiräte, Ortsvorsteher/in, Sportvereinsvorsitzende/r, Hauswart/innen, Ärzt/innen, Apotheker/innen u.a.), die wiederum auf eine Mitarbeit ansprechen und dafür werben, motivieren. Hilfreich mag sein, sich eine Strategie zu entwerfen, wie man vorgehen will, wen man einbeziehen möchte, wer einem dazu noch Empfehlungen geben kann.

Oft erweist es sich als sinnvoll, dass die ersten Aktiven eine kleine Bedarfsanalyse im Quartier durchführen. Solche Recherchen im Vorfeld eröffnen vielfältige Möglichkeiten. Man lernt diejenigen kennen, die schon im Quartier Angebote machen und die man vielleicht bislang nicht wirklich wahrgenommen hat. Durch Gespräche kann man einen ersten Eindruck gewinnen, wer eventuell mit einem kooperieren wird. Man klärt bei den Erkundungsprozessen, auf wen man sein Angebot ausrichten will, ob es diese Zielgruppen gibt und wie man sie erreichen kann, auch welche Schwierigkeiten sich dabei auftun könnten. Zudem erfahren diejenigen, die sich engagieren wollen, die anderen Engagementwilligen in der Zusammenarbeit, also in einem ersten Arbeitskontext.

Manchmal liegen die Themen „auf der Straße", d.h. man braucht keine Befragung. Es ist einfach klar, wofür man sich einsetzen will. Da ist der ehemalige kleine Supermarkt, der im Stadtteil so günstig lag, für die Menschen mit Bewegungseinschränkungen doch noch selbstständig erreichbar war und der nun leer steht. Da soll die Bushaltestelle in eine verkehrsberuhigte Zone verlegt werden oder es soll eine Ampel gesetzt werden, damit die Anwohner/innen sicher von der Bushaltestelle über die Straße in das Quartier kommen. So kann man anfangen, sich zu organisieren, Strategien zu überlegen, wen man wie erreichen will und könnte, welche Aktionen hilfreich sind und was man dafür braucht.

Weiterer Verlauf

Ist eine selbstorganisierte Gruppe durch ein „Thema", das sich anbot und für viele wichtig war, entstanden, ist die Frage, was passiert, wenn das Ziel erreicht ist oder wenn klar wird, was sich erreichen lässt, sodass ein Projekt ein „natürliches Ende" findet. Wenn beispielsweise deutlich wird, dass sich kein Betreiber findet, der den im Wohnquartier liegenden Supermarkt wiedereröffnet, weil am Rande des Quartiers ein neuer, größerer Supermarkt eröffnet wurde, könnte eine Überlegung sein, wie man Bewohner/innen helfen kann, zu diesem oder auch zum Wochenmarkt zu kommen. Ist ein Fahrdienst zu bestimmten Zeiten denkbar? Könnte ein kleines Projekt zwischen Jung und Alt entstehen, das von Engagementwilligen, die mehr Zeit haben, verbindlich koordiniert und betrieben wird, sodass Menschen, die nicht so weit laufen können, trotzdem ab und zu selbst ihre Dinge des alltäglichen Lebens einkaufen können. Ist für zwischendurch – wenn nur eine Kleinigkeit fehlt – ein Mitbringen durch diejenigen, die noch per Fuß, Fahrrad oder Auto mobil sind, organisierbar? Kann man Menschen ermutigen, Bedürfnisse zu äußern, einen solchen Service in Anspruch zu nehmen; wie erreicht man sie?

Wenn sich keine neuen Themen ergeben, an denen eine Gruppe in Selbstorganisation weiterarbeiten will, ist es wahrscheinlich richtig, mit Freude und Zufriedenheit über die gemeinsam verbrachte Zeit und das, was erreicht wurde, auseinanderzugehen. Vielleicht findet sich irgendwann ein wichtiges Thema, zu dem man dann wieder gern zusammenkommt und bei dem auch andere Personen mitarbeiten können. Schön ist natürlich für ein Quartier, wenn sich ein Themenbereich gefunden hat, zu dem es lohnt, langfristig miteinander zu arbeiten. Dies kann ein Netzwerk sein, in dem kleine Serviceleistungen oder Besuchsdienste für Ältere erbracht werden, Kindern und Jugendlichen bei den Hausaufgaben geholfen wird, Alleinerziehende unterstützt werden, sodass sie Beruf, Haushalt, Erziehung, Kranksein eines Kindes u.Ä. besser „unter einen Hut bringen" können.

Oder es wird für obdachlose und arme Menschen ein monatliches Kaffeetrinken am Sonntagnachmittag oder eine Kleiderstube mit guten gebrauchten Kleidern organisiert. Pflegende Angehörige können unterstützt, Menschen in Krankenhäusern besucht werden u.v.m.

Klärungsbedarf

Wichtig ist, bei all diesen Themen für ein selbstorganisiertes längerfristiges Engagement folgende Fragen früher oder später einzubeziehen:

- Wer ist in diesem Bereich noch tätig – professionell oder ehrenamtlich? Macht es Sinn, sich zusammenzutun, einander zu ergänzen? Was spricht gegen eine Kooperation?

- Welche Rahmenbedingungen braucht das Engagement?
  - Wo treffen sich die Engagementwilligen – im privaten Rahmen oder in einem Bürgerhaus, einem Mehrgenerationenhaus, einem Selbsthilfezentrum, bei einem Wohlfahrtsverband, in der Gemeinde, bei einer Volkshochschule, einer Kirchengemeinde oder im privaten Tagungszentrum, in einer Gaststätte usw.?
  - Sollen weitere Engagementwillige gesucht werden – über öffentliche Werbung oder private Ansprachen? Wer könnte einen bestehenden, für die Initiative passenden E-Mail-Verteiler für die Suche haben und bereit sein, darüber eine Information weiterzuleiten?
  - Braucht man zeitweise oder regelmäßig einen Büroplatz, der mehreren Personen zugänglich ist – wo kann man unterkommen, mit wem kann man ihn teilen?
  - An welchem Ort wird das Engagement ausgeübt? Besuche von Älteren finden vermutlich in deren Wohnungen statt, wo aber kann eine Senioren-Arbeitsgemeinschaft tagen, wo kommt die Schulaufgabenhilfe unter? Ein Obdachlosenkaffee oder Seniorennachmittage müssen an einem festen Ort mit einem geregelten Ablauf stattfinden. Ein Telefonnetzwerk/eine Telefonkette in Eigenregie, bei dem/der sich die Senior/innen morgens anrufen und sich nach dem Befinden erkundigen, oder ein verlässlicher E-Mail-Kontakt brauchen keinen Raum. Trotzdem ist es gut, einen Ort zu haben, an dem man bei Bedarf tagen kann. Solche Funktionen können Mehrgenerationenhäuser, Bürgerhäuser, Volkshochschulen, Akademien, Seniorenbeiräte in den

Kommunen, die Kommunalverwaltung, ein Seniorenpflegeheim u.a. bieten.

o Was wird an Geld gebraucht? Wer könnte das Engagement finanziell unterstützen? Zu welchem Geschäft, Unternehmen, Handwerks- oder Wirtschaftsbetrieb passt ein Sponsoring dieser Aktivität?

o Braucht man – nach einiger Zeit, wenn es sich um ein längerfristiges, verbindliches Engagement handelt – eine rechtliche Struktur (z.B. Verein) oder kann man zunächst als Engagementgruppe weitermachen? Will man unter das Dach eines Quartiersmanagements, eines Mehrgenerationenhauses, eines Wohlfahrtsverbandes gehen oder eine freie, selbstorganisierte Initiative bleiben?

• Gibt es eine offizielle Leiterin/einen Leiter? Will man es sich informell entwickeln lassen, sodass manche Mitglieder mehr Verantwortung übernehmen als andere? Sollen alle gleichberechtigt alles entscheiden oder entwickelt sich nach einer Weile eine Art gelebter Struktur (im weitesten Sinne Geschäftsordnung), die vorrangig auf Vertrauen und offenem Austausch basiert? Nach einer Weile der Zusammenarbeit wird man über diese Fragen sprechen müssen.

Zu beachten!

Befragungen: der Teufel steckt im Detail

Befragungen – Interviews oder Fragebögen – werden gern genutzt, weil es logisch und einfach klingt, andere Menschen, die ähnliche Interessen haben müssten, zu befragen oder einen Fragebogen ausfüllen zu lassen. Wenn in der Arbeitsgruppe, die eine solche Befragung durchführt, niemand ist, der/die je mit Sozialforschung zu tun hatte, macht es Sinn, eine Person zu suchen, die eine kurze Einführung in wichtige Aspekte des Befragens, des Layouts und der Auswertung von Fragebögen und Interviews gibt. Mit der Befragung ist in der Regel intendiert, sowohl die Interessen der Zielgruppen zu erheben, nützliche Projekte für das eigene Quartier herauszufinden, als auch das Ergebnis Kommunalpolitiker/innen, verantwortlichen Verwaltungsfachleuten oder möglichen Sponsoren zu präsentieren.

Insofern macht es Sinn, dass einfache Standards der Sozialforschung eingehalten werden, sodass die Ergebnisse aus fachlichen Gründen nicht einfach „vom Tisch gefegt" werden können. Sollte sich niemand in der Gruppe selbst, im Quartier, Bekanntenkreis, an heimischen Hochschulen (wissenschaftliche Mitarbeiter/innen, auch fortgeschrittene Studierende der Sozialwissenschaften, Psychologie), in der Kommunalverwaltung (Statistikabteilung, Städte- und Raumplanung) finden, kann man sich auch Basiskenntnisse durch gute Internetseiten und Skripte aus dem Internet aneignen (siehe „Nützliche Links und Verweise").

„Ohne Reibung auch kein Glanz"

Wichtig ist in einer selbstorganisierten Engagementgruppe, dass die Interessen zwischen Führen und Mitmachen ausbalanciert werden. Auf der einen Seite gibt es vielleicht Menschen, die vom Beruf her eine Führungsrolle gewohnt waren und die ihr Wissen weitergeben wollen und somit schnell eine solche Rolle übernehmen oder in sie „hineinrutschen"; auf der anderen Seite geht es leicht schief, wenn der Anspruch zu hoch gesetzt wird. Eine Freiwilligengruppe ist keine berufliche Projektgruppe, in der alle Menschen einen ähnlichen Bildungs- und Erfahrungshintergrund haben. Wer immer auch nur zeitweise eine Führungsrolle „in der Selbstorganisation" übernimmt, muss sich darüber im Klaren sein und seine Mitstreiter/innen dementsprechend behandeln.

Oft starten solche Initiativen sehr motiviert und engagiert und nach und nach verlieren viele die Lust, fühlen sich „geschulmeistert", „untergebuttert" oder als „Statisten", empfinden die Durststrecken bis zum Erfolg als zu lange und bleiben dann einfach weg. Hier hilft nur das – frühzeitig geführte und immer einmal wiederholte – Gespräch über die Interessen, Bedürfnisse und Wünsche. Für viele ist es ein Lernprozess, dass man sich dort äußert, wo es hingehört, damit sich auch etwas ändert! Wenn das Reden übereinander und die Gerüchte überhandnehmen, viele nicht ihre Bedürfnisse getroffen sehen, führt das zum „Untergang" in der Selbstorganisation. Ein Projekt kann nur längerfristig funktionieren, wenn alle sich darin wiederfinden und klar ist, dass Konflikte und Befindlichkeiten ernst genommen und geklärt werden. Gerade die Selbstorganisation lebt von der Überzeugung, dass es Sinn macht, hier mitzugestalten und auch Schwierigkeiten zu überwinden. Der Leitspruch „Ohne Reibung auch kein Glanz" bringt es auf den Punkt und mag als verinnerlichte Haltung helfen, gruppendynamische Durststrecken zu überstehen.

Soziale Teilhabe und Lebensqualität

Ein Engagement verbessert in der Regel die soziale Teilhabe am Leben und damit die Lebensqualität der sich Engagierenden und meist auch derjenigen, denen bestimmte Angebote und Leistungen zuteilwerden. Es besteht die greifbare Möglichkeit, dass sich aus den Arbeitszusammenhängen heraus Freundschaften entwickeln, somit das eigene Netzwerk gestärkt und durch die inhaltliche Arbeit eine zusätzliche oder neue Sinngebung für das eigene Leben erfahren wird. Nichtsdestoweniger sollte man nicht unterschätzen, dass Vorlieben und Abneigungen, Empfindlichkeiten und Kränkbarkeiten, die Fähigkeit zum Entschuldigen und Verzeihen, des Sich-Zurücknehmen-Könnens eine Rolle spielen, ob aus einem enthusiastischen Beginn eine beständige, kraftvolle Zusammenarbeit erwächst. Es ist wichtig, miteinander statt übereinander zu reden und dass die Arbeit von wechselseitiger Wertschätzung und Respekt für die Verschiedenartigkeit der anderen Engagierten getragen wird.

5.2 Generationen-Tandems[56]

Ziel

Ein Tandem ist ein Fahrrad für zwei Personen, die ein gemeinsames Ziel haben. Auch beim Generationen-Tandem kommen immer zwei Menschen mit einem gemeinsamen Ziel zusammen. Sie leben beide am gleichen Ort, wollen sich austauschen und begegnen. Zielgruppen sind Senior/innen, die sich über Kontakt zu einer jüngeren Person freuen würden, oder Bewohner/innen, die gern ein Tandem mit einer älteren Person aus ihrer Nachbarschaft bzw. einem gut erreichbaren Quartier an ihrem Wohnort bilden wollen.

Jedes Generationen-Tandem bestimmt gemeinsam den zeitlichen Umfang, die Art und Weise der Begegnung und des Austauschs. Ein Tandem kann sich zum Beispiel einmal in der Woche für zwei Stunden zum Kaffeetrinken treffen, gemeinsam spazieren gehen am Wochenende oder einen gemeinsamen Kino-, Theater- oder Konzertbesuch unternehmen. Vielleicht möchte ein älterer Mensch gern mit den Kindern seiner Tandempartnerin spielen, auf sie aufpassen, sodass diese in Ruhe einmal einkaufen oder in die Sauna gehen kann. Oder der Senior/ die Seniorin möchte eine Begleitung zum Arzt, weil er/sie so schnell nicht an alle Fragen denkt oder sich vor Aufregung die mitgeteilten Befunde nicht so gut merken kann. Denkbar sind alle Aktivitäten, die für beide realistisch, möglich und verantwortbar sind. Der Kontakt kann auch neben den Treffen und Unternehmungen über E-Mail und Telefon oder Skype aufrechterhalten werden.

---

56 Das Praxisprojekt „Generationen-Tandems" wurde im Potsdamer SILQUA-Projekt „Gut leben im (HOHEN) Alter" von Santje Maike Winkler entwickelt.

Einstieg und weiterer Verlauf

Es bedarf einer Person oder eines kleinen Teams, um das Projekt „Generationen-Tandems" auf den Weg zu bringen. Dabei kann es sich um professionelle Kräfte handeln, muss es aber nicht zwangsläufig. Das Projekt kann genauso gut von zwei oder drei ehrenamtlich engagierten, in der intergenerationellen und persönlichen Zusammenarbeit erfahrenen Personen eigenverantwortlich organisiert und gemanagt werden. Mit den interessierten Personen wird einzeln ein Gespräch geführt, sodass ein Eindruck entsteht, wer die Person ist, was sie möchte, wie realistisch ihre Erwartungen sind. Bei mehreren lockeren Gruppentreffen aller Interessierten in einem angenehmen Rahmen (Kaffee trinken, gemeinsames Grillen im Sommer u.a.) kann man verschiedene Methoden einsetzen, sodass sich die Personen unkompliziert und ohne Zwang, sich jetzt sofort entscheiden zu müssen, zunächst einmal kennenlernen können. Jeder gibt dabei von sich so viel preis, wie es ihm behagt.

Wenn zwei Personen es sich miteinander vorstellen können, kommt es zu einem ersten gemeinsamen Treffen unter Moderation eines Koordinators/einer Koordinatorin. Hier werden noch einmal die Interessen, Erwartungen, Wünsche, Vorlieben besprochen, entschieden, ob die beiden Personen es als Tandem ausprobieren wollen und was passiert, wenn sich herausstellt, dass es doch nicht passt, sich einer oder beide Beteiligte nicht wohlfühlen.

Zu beachten!

Es muss klar geregelt sein, dass der Schutz der persönlichen Daten gewährleistet ist, d.h. die anvertrauten persönlichen Kontaktdaten sind gesichert im PC oder als Karteikarten bei der koordinierenden Stelle zu verwahren und nur den Koordinator/innen des Projekts „Generationen-Tandems" zugänglich.

Hilfreich ist, wenn in größeren Abständen zu einem Austausch möglichst aller Tandems eingeladen wird, sodass auch neue Ideen und Erfahrungen weitergereicht werden können. Denkbar ist, dies in Form eines regelmäßigen Stammtisches zu organisieren.

Von Anfang an sollte als Grundhaltung vermittelt werden, dass es in Ordnung ist, bei Nicht-Passung auseinanderzugehen und dass es sich lohnt, einen neuen Versuch mit einer anderen Person zu starten. Gleichzeitig sollte immer die Möglichkeit bestehen, Probleme zeitnah mit einem Koordinator/einer Koordinatorin zu besprechen.

Soziale Teilhabe und Lebensqualität

„Generationen-Tandems" laden ein zu einer Verbindlichkeit und zu einem Sich-einlassen auf einen Menschen – zumindest für eine begrenzte Zeit. Wenn es gut passt, dann wollen beide etwa „gleich viel" voneinander und haben auch andere Personen, mit denen sie etwas unternehmen. Denkbar ist jedoch auch, dass ein eher einsamer Mensch sich auf den anderen fixiert, ihn auch mag und dann mehr Kontakt, Unternehmungen, Zuwendung haben möchte, als der andere Mensch geben kann oder möchte. Auch hier hilft nur ein offenes ruhiges Gespräch darüber, ohne dass sich einer beschämt oder moralisch unter Druck gesetzt fühlt. Eine kluge und empathische Moderation durch eine Koordinatorin/einen Koordinator kann helfen, dass trotz der unterschiedlichen Wünsche ein solches Tandem weiter funktionieren kann oder vielleicht sogar zusätzlich ein weiterer Tandempartner vermittelt wird.

5.3 Organisierte Nachbarschaftshilfe

Ziel

Ambitioniertes Ziel einer organisierten Nachbarschaftshilfe ist, dass Angebote und Nachfrage zueinander finden. Wenn es um eine organisierte Nachbarschaftshilfe für Ältere geht, ist damit mehr gemeint, als dass zwei Nachbarschaftsparteien füreinander in Urlaubszeiten die Post annehmen, Blumen gießen, sich mit Lebensmitteln aushelfen oder einander mit zum Einkaufen nehmen. Es geht in einem überschaubaren örtlichen und zeitlichen Rahmen um verlässliche Unterstützung in Fragen des sozialen Austauschs, der Teilhabe am Leben in der Gemeinde, der Begleitung, um kleinere Hilfeleistungen im Haushalt oder Garten, um Unterstützung beim Einkauf, bei Behörden, beim Transport u.Ä.

Während Menschen durchaus bereit sind, bei Nachfrage für den anderen etwas zu tun, ist das scheinbar größere Problem mitzuteilen, dass man etwas regelmäßig brauchen könnte oder haben möchte. In der Regel ist es die größte Hürde, Zuwendung, Zeit, mehr oder minder regelmäßige Besuche zu erbitten. Zwar erleben Besucher/innen durchaus, wie Besuche den Besuchten – und eventuell auch ihnen selbst – etwas geben, ein Leuchten in das Gesicht zaubern können, die Stimmung heben u.Ä., jedoch ist es fast unmöglich, dieses bewusst von Fremden zu erfragen, zuzugeben, dass es einem guttut. Bei den eigenen Verwandten und Freund/innen sieht das etwas anders aus, wobei hier manchmal ein Appell hinzukommt oder moralischer Druck, ein schlechtes Gewissen empfunden wird. Gegenüber fremden Menschen kann man damit kaum etwas in Gang setzen.

Einstieg

Eine kleine Befragung zu nachbarschaftlichen Hilfsangeboten und Wünschen – repräsentativ bei den Zielgruppen oder zufällig, z.B. jeder fünfte Haushalt oder auf öffentlichen Plätzen bei denjenigen, die bereit sind, sich interviewen zu lassen –, wird eine Reihe von Angeboten oder Hinweisen erbringen, was man sich vorstellen könnte zu geben. Wichtig ist, die Schwelle für die Angebote niedrig zu halten. Das heißt, alles sollte willkommen sein, gleichgültig, wie oft und in welcher Form jemand zunächst etwas anbieten kann und möchte. Auf kreative Weise müssen die Organisator/innen ermitteln, wer etwas brauchen könnte, auch wenn nichts angefragt wird. Wenn man sich in einem Dorf gut kennt, wird es Personen geben, die darum wissen und „irgendwie" das Wissen teilen können. Ärzt/innen, Pflegediensten usw. ist eine direkte Mitteilung durch ihre Schweigepflicht untersagt. Noch schwieriger ist es meist in städtischen Quartieren, wenn die Anonymität hoch ist. Man muss schauen, ob es bestimmte Kontakt- oder Schlüsselpersonen in einzelnen Mietshäusern, Straßenzügen, Vereinen u.Ä. gibt, die Menschen kennen und als „Türöffner und Netzwerker" motivieren können, Angebote anzunehmen, die sinnvoll sind oder guttun. Besteht ein reges Gemeindeleben – aus der Tradition eines Ortes oder durch religiöse Gemeinschaften –, ist es leichter, daran anzuknüpfen bzw. etwas Neues aufzubauen, das bestehende Hilfenetzwerke ergänzt.

Weiterer Verlauf

Wichtig ist, mit vielen Menschen im Quartier darüber zu sprechen, was längerfristig an Nachbarschaftshilfe nicht nur benötigt, sondern realistisch tragfähig sein wird. Sind es vorrangig Besuchskontakte, Versorgungsformen, Unterstützungsmaßnahmen oder geht es um Projekte, die ein koordiniertes Engagement von mehreren Personen erfordern (z.B. die Sanierung einer alten Schule als Gemeinschaftshaus für den Ort)?

Beim Aufbau eines Vermittlungssystems ist zu bedenken, dass sich neue Informationswege nur langsam etablieren. Der persönliche Kontakt dürfte in der Regel der Königsweg sein, um Menschen zueinanderzubringen. Inwieweit später neben Telefon und Handy auch E-Mails oder Skypekontakt zum Einsatz kommen, ist abhängig von der medialen Kompetenz der Senior/innen. Gerade der Einsatz von Skype kann auch zu einem Lernprojekt von Alt und Jung genutzt werden. Auf jeden Fall sollten die Kontaktaufnahme und der Verlauf – ähnlich wie beim Generationen-Tandem – begleitet werden.

Im ländlichen Raum muss man ausloten, ob eine Nachbarschaftshilfe über Dorfgrenzen hinweg etabliert werden kann. Häufig sind Dörfer oder Ortsteile (z.B. die berühmten „Ausbau" in östlichen Regionen) in sich mehr oder minder geschlossene Sozialräume, wenn sie auch heute durch verschiedene kommunale Gebietsreformen in Gemeinden zusammengehören. In der Regel funktionieren regelmäßigere Unterstützungsleistungen eher in kleineren Räumen, sodass ein Dorf eine natürliche Einheit darstellt. Vielleicht ist es hilfreich, wenn sich die Koordinator/innen verschiedener Nachbarschafts-Dorfinitiativen in regelmäßigen Abständen zum Erfahrungsaustausch treffen. Ein Fest oder ein Straßenfrühstück ein-, zweimal im Jahr für alle, die in den Nachbarschaftshilfen geben und nehmen – dies ist ja nicht einseitig festgeschrieben –, wird die Menschen näher zueinanderbringen, sodass es leichter für andere wird, hinzuzukommen.

Zu beachten!

Ein Aspekt ist die Einhaltung des Datenschutzes für die Kontaktdaten. Inwieweit schriftliche Einwilligungserklärungen notwendig sind, dass die persönlichen Daten genutzt werden dürfen, muss abgeklärt werden. Wenn man dies sehr früh macht, kann es sein, dass die Menschen verschreckt werden und sich bei so viel „offizieller Organisation" zurückhalten, Hilfe in Anspruch zu nehmen oder zu leisten. Man muss einerseits bestimmte Aspekte ernsthaft beachten und prüfen, andererseits angemessen – der Mentalität der Menschen der Region entsprechend – mit den Menschen umgehen, sodass ein Nachbarschaftshilfesystem überhaupt möglich wird. Zu viel Regulierung und Formalisierung kann das Ende bedeuten, bevor alles überhaupt angefangen hat.

5.4 Bildung und Kultur

Ziel

Teilhabe kann für ältere Menschen sehr Unterschiedliches bedeuten. Die einen möchten weiterhin Kultur und Natur besuchen, sich in ihr bewegen, wie sie es in jüngeren Jahren getan haben. Andere ziehen sich mehr zurück, wenn die eigene Mobilität nachlässt. Sie akzeptieren, dass nicht mehr so viele Aktivitäten außer Haus möglich sind, setzen auf die Familie, Freunde und ihr engeres soziales Umfeld im Wohnquartier. Für Kinder und ältere Menschen ist das Wohnumfeld in puncto Teilhabe wichtiger als während der Jugend- und Erwachsenenzeit, in der die eigene Mobilität bzw. das Unterwegssein selbstverständlicher ist, ggf. aber eingeschränkt wird durch die finanziellen Ressourcen. Will man die Teilhabe von Menschen stärken, muss man die Angebote in einen für sie erreichbaren

„Raum", ihren Nahraum bringen. Im städtischen Quartier ist dies oft leichter organisierbar, weil kulturelle Institutionen über die Stadt verteilt sind, Aktivitäten und Veranstaltungen teilweise bewusst in die Stadtteile verlegt werden oder durch den Öffentlichen Nahverkehr doch gut erreichbar sind.

Die Frage der Teilhabe hängt oft ab von den finanziellen Möglichkeiten und dem Gefühl von Sicherheit, sich im öffentlichen Raum bewegen zu können. Die Idee, dass zum Beispiel Generalproben von Konzertreihen als offizielle Veranstaltungen in wirtschaftlich schwächeren Stadtteilen abgehalten werden, die man dann zu freiem Eintritt besuchen kann, trägt dem Rechnung. Im ländlichen Raum, wo eine dünne Besiedlung und kleinere Städte über große Flächen verteilt sind, ist der Besuch kultureller Veranstaltungen meist vom Transport abhängig. Während Eltern häufig für ihre Kinder den Fahrdienst stellen oder zusammen mit anderen Eltern organisieren, wird es im Alter zunehmend schwieriger, die persönliche Mobilität aufrechtzuerhalten.[57] Kulturelle und Bildungsteilhabe bedeutet aber nicht nur, Veranstaltungen – Musik, Kino, Theater, Vorträge, Ausstellungen, Kirchen-, Gartenführungen, Lesungen, lokale Feste – zu besuchen, sondern kann auch lokaler gedacht werden und zu den Menschen kommen. Meist ist kulturelle Teilhabe verknüpft mit sozialer Teilhabe. Wie viel davon gewünscht wird, ist abhängig von den Personen, ihren Neigungen und Wünschen.

Einstieg und weiterer Verlauf

Fragt man Menschen, was sie für andere anbieten könnten, geben viele Themen an, von denen sie etwas verstehen und die aus beruflichen Erfahrungen oder Hobbys resultieren. Schön ist es, eine Reihe für einen überschaubaren Zeitraum zusammenzustellen, in der verschiedene Bürger/innen etwas anbieten und somit ein kleines Programm herausgeben. Oft gibt es im eigenen Ort viel zu entdecken, Wissenswertes zu erfahren, was man selbst nicht wusste, obwohl man dort schon lange lebt. Spezifische Interessen, die mit dem Lebensalter oder der Lebensphase zusammenhängen, sind auch ein Anknüpfungspunkt. So werden von älteren Menschen gern Vorträge angenommen zu Themen wie Pflegeversicherung, die Möglichkeiten von Unterstützungsleistungen für pflegende Angehörige, das Altenhilfesystem und seine Möglichkeiten, Erkrankungen, wie z.B. Demenzerkrankungen, Leben nach einem Schlaganfall, Präventionsmöglichkeiten für bestimmte Erkrankungen, die Arbeit von Hospizen und ambulanten Hospizdiens-

---

57 Neue Konzepte wie Bürgerrufbusse in Zusammenarbeit mit Taxiunternehmen oder Bürgervereinen, in denen Mitglieder andere Mitglieder transportieren, die selbst nicht mehr fahren können, versuchen auf intelligente Weise, den Mobilitätsproblemen zu begegnen. Siehe Bürgerfahrdienst Verbandsgemeinde Linz am Rhein: http://www.vg-linz.de/vg_linz/Familie&Gesundheit/Senioren/Bürgerfahrdienst/ (31. Juli 2013).

ten, heutige Bestattungsmöglichkeiten und -formen, Vorsorgevollmachten, Erben und Vererben, Sicherheit im öffentlichen Raum u.a.

Für jüngere Erwachsene stehen eher Familienthemen im Vordergrund. Häufig ist es möglich, einerseits ganz normale Bürger/innen zu gewinnen, die gern ihr Wissen teilen. Meist sind aber auch Fachleute bereit, durchaus unentgeltlich solche Initiativen zu unterstützen und über ihre Arbeit zu berichten. Freiberufler/innen tun das eventuell, weil dadurch eines Tages neue Klient/innen auf sie zukommen, andere, die in Institutionen angestellt sind, weil es gern gesehen wird, die Institution und ihre Arbeit nach außen zu vertreten. Man kann durchaus Wissenschaftler/innen von Forschungsinstitutionen, Lehrende an Hochschulen oder Fachschulen gewinnen. Solche Reihen und Exkursionen können von Einzelnen oder kleinen Gruppen organisiert werden.

Zu beachten!

Je nachdem, wo die Veranstaltungen stattfinden, ist ggf. ein privater Transport organisierbar, weil Bürger/innen bereit sind, andere mitzunehmen. Die Frage ist, ob man dies von Anfang an mitorganisiert und in der Ankündigung so ausschreibt, sodass Menschen, die nicht mehr ohne Hilfe unterwegs sein können, sich doch angesprochen fühlen, weil es diese Mitnahmemöglichkeiten gibt.

Die Themen sollten zur Zielgruppe passen und Bedürfnisse treffen. Zeitpunkt und Ort sind in dieser Beziehung genau abzuwägen. Ältere Menschen fühlen sich häufig in der Dunkelheit nicht so sicher, sodass Morgen- oder Nachmittagsveranstaltungen im Winter sinnvoller sind. Gleichzeitig sollte eruiert werden, welche Parallelveranstaltungen es gibt, die mit den eigenen Terminen kollidieren könnten. Vielleicht macht es dann Sinn, nicht nur mit dem Tag, sondern auch mit der Woche auszuweichen, weil Menschen im höheren Lebensalter gern immer wieder etwas vorhaben, aber nicht in einer Woche mehrmals hintereinander weggehen wollen. Wenn die ersten Versuche ermutigend sind, kann das Programm vorsichtig ausgeweitet werden. Nichtsdestotrotz sollten die Organisator/innen sich genau überlegen, wie viel an Organisationsarbeit, ggf. Besorgen von Sponsorengeldern oder öffentlicher Bildungsförderung durch die Kommunen, Landeszentralen für politische Bildung, Kirchen oder Stiftungen, für sie realistisch leistbar ist. Wie soll die Ankündigung geschehen, über welche Medien wird geworben und wie viel Geld braucht man dafür? Zu klären ist auch, ob von den Teilnehmenden ein kleiner Beitrag entrichtet werden oder ob das Angebot kostenlos sein soll.

5.5 Umgang mit schwierigen Themen des Alters

Ziel

Schwierigen Themen des Alters wird gern ausgewichen. Man weiß, dass bestimmte Situationen eintreten können, die Entscheidungen fordern. Aber viele Menschen schieben dies nach hinten und hoffen, dass es sie selbst nicht betreffen wird. Alt sind irgendwie immer die anderen. Während sich am ehesten mit Testamentsangelegenheiten und zunehmend mit gesundheitlichen Vorsorgevollmachten befasst wird, sind andere Themen, die deutlicher Lebensplanänderungen signalisieren oder Tabus und Lebenskonflikte berühren, schwieriger anzugehen.

Einstieg und weiterer Verlauf

Über manche Themen kann man leichter ins Gespräch kommen, wenn zunächst ein Spielfilm oder eine Dokumentation über andere Menschen der Anknüpfungspunkt ist. In den letzten Jahren sind viele gute Filme erschienen, die sich mit den Fragen des Alterns ernsthaft und/oder humorvoll, spielerisch auseinandersetzen. Natürlich sind auch Vorträge denkbar, wobei die Diskussion danach sich meist um den Vortragenden zentriert, vor allem dann, wenn die Person für dieses Gebiet berühmt ist. Will man die Menschen miteinander ins Gespräch bringen, ist es sinnvoll, dies durch eine entsprechende Moderation vorzubereiten. Ist der Kreis klein, führt man das Gespräch mit der gesamten Gruppe. Ist er größer, kann ein Aufteilen der Gruppe Sinn machen, damit mehr Menschen zu Wort kommen. Auch wenn man dies eher spontan entscheiden will, sollten die räumlichen Möglichkeiten geklärt und hergerichtet sein und auch Personen bereitstehen, die eine Teilgruppe betreuen, etwas anleiten, sodass das Gespräch in Gang kommt. Der Schwung, das emotionale Angesprochensein, die Bereitschaft, sich zu äußern, versanden zu leicht, wenn erst Organisatorisches geklärt, Stühle gerückt oder unwirtliche Räume genutzt werden müssen.

Aus solchen Gesprächen kann mehr entstehen. Hier ist aber genau zu schauen, ob es das Interesse der Organisator/innen ist oder ob zu spüren ist, dass mehr Menschen an einem Thema weiterarbeiten möchten. Durch das Thema „Wohnen im Alter" kann entstehen, dass sich Menschen allein oder als Gruppe damit auseinandersetzen, welche guten Wohnmöglichkeiten für ältere Menschen es am Ort gibt. Vielleicht lässt sich auch etwas Neues entwickeln. Wer wären potenzielle Partner? Denkbar ist, mit einer Wohnungsbaugenossenschaft oder einem privaten Investor darüber zu sprechen, wie ein Wohnprojekt entstehen kann, in dem Menschen bewusst einziehen, die mehr füreinander da sein wollen, ohne dass es zum verordneten Programm von Freundschaft wird. Viele sind bereit, füreinander etwas zu tun, möchten aber keine alten Wohngemeinschaftsträume reaktivieren, sondern durchaus ihren eigenen Mietvertrag, ihre eigene Nebenkostenabrechnung haben und so viel in ein Zusammenleben auf gesunder Distanz einbringen, wie es guttut.

Für die Betreuung dementer Angehöriger sind in den letzten Jahren Wohngemeinschaften entstanden, die von den Angehörigen aufgebaut und geleitet werden. Die Pflegedienste sind dort nur Gast, nicht Betreiber. Das Mitwirken der Angehörigen hilft, dass keiner mit der Rundumbetreuung überlastet wird, sondern jeder wieder abends nach Hause gehen kann. Zugleich ist ein solcher Betreuungsmix nicht nur ein guter Schutz vor Überlastung, sondern auch vor Gewalt gegenüber kranken, manchmal auch schwierigen Menschen, weil man selbst nicht mehr kann.

Das Thema „Sterben, Umgang mit Tod" kann dazu führen, dass sich im weiteren Verlauf eine Gruppe findet, die sich fortbildet, quasi als „ambulante Hospizgruppe" arbeitet, ohne offiziell eine solche werden zu wollen, aber doch Sterbende und Angehörige unterstützt, zu Hause sterben zu können. Jahrhundertelang haben Menschen einander beigestanden und das Sterben in Kliniken und andere „Sonderinstitutionen" ausgelagert. Natürlich sind heutzutage Hospize gute Orte zum Sterben, aber viele möchten doch möglichst zu Hause sterben, sodass es für Angehörige eine Unterstützung ist, wenn sie einmal abgelöst werden oder sich mit jemandem unterhalten können, der nicht direkt von der Trauer des Abschiednehmens ergriffen ist.

Diese Beispiele sind sicher ambitionierte Entwicklungen, die ein längerfristiges Engagement fordern, aber doch möglich sind. Es geht auch niedrigschwelliger. Aus einer solchen Gesprächsreihe können „Telefonketten" entstehen, in denen Menschen nacheinander „schauen". Man hilft einander oder leiht sich Geräte aus, die nicht jeder hat und nicht unentwegt braucht. Aber zu all solchen Entwicklungen gehört der Wille, dass gewohnte Bahnen – jeder für sich, nur keine Bedürftigkeit oder Wünsche zu erkennen geben – verlassen werden und man ehrlich miteinander ins Gespräch kommt. Eine gute Moderation kann solche Impulse fördern, die Weiterarbeit bahnen, aber die Menschen, die es betrifft, müssen es auch wollen.

Weitere Themen können sein: Was heißt Alter(n)?; Abschied nehmen und loslassen; späte Versöhnung in wichtigen Beziehungen; Erben und Vererben in Patchworkfamilien; Sterben und Tod von Ehepartnern, Geschwistern und Freunden; der Umgang mit Trauer; Sexualität und Liebe im Alter; Umzug in ein Pflegeheim und Aufgeben des lieb gewonnenen Zuhauses; Leben in einem Wohnprojekt.

Zu beachten!

Zeigt man Filme, ist der rechtliche Rahmen zu klären. Auch wenn man DVDs kauft, in öffentlichen Bibliotheken ausleiht, Dokumentationen zum privaten Gebrauch vom Fernsehen aufgenommen hat, kann man diese nicht einfach öffentlich zeigen und dafür werben. Will man es als öffentliche Veranstaltung ankündigen und organisieren, müssen die Rechte der Verleihfirmen, Fernsehanstalten, Produzenten u.a. beachtet werden. Man muss von jeder Verleihfirma, deren DVD man zeigen möchte, im Voraus die Rechte zur öffentlichen Vorführung einholen: „Eine öffentliche Wiedergabe von Filmwerken ist stets nur mit ausdrücklicher Erlaubnis des Rechteinhabers, also des Verleihs, zulässig (§ 52, Absatz 3 UrhG)."[58] Öffentliche Vorführungen, auch in Ausschnitten, sind untersagt und werden straf- und zivilrechtlich verfolgt. Man kann mit jedem Verleih versuchen zu klären, ob es DVDs für eine öffentliche Aufführung gibt; ggf. sind solche DVDs auch in Videotheken erhältlich. Die Disponenten der jeweiligen Verleiher sind auf jeden Fall die richtigen Ansprechpartner. Für die Abklärung dieser Fragen sollte genügend Zeit eingeplant werden. Erlaubt ist, Filme im privaten Rahmen und für den privaten Gebrauch aufzunehmen und DVDs/Videofilme privat zu nutzen. So ist die Frage, welchen Rahmen man für ein solches Projekt wählen kann.

Bei der Ankündigung einer Filmgesprächsreihe kann sich ergeben, dass Menschen zu einem Unterhaltungsnachmittag kommen und irritiert, verärgert darüber sind, dass der Film problematische Inhalte anspricht. Auch solchen Reaktionen sollte man mit Respekt begegnen, die Personen zum Bleiben einladen und versuchen, sie in das Gespräch einzubeziehen.

5.6 Geistig-seelische, religiöse, spirituelle und Sinnfragen

Ziel

Im stärkeren Bewusstsein der Endlichkeit besteht bei älteren Menschen zum Teil das Bedürfnis, noch einmal die Themen der Jugend aufzunehmen – vielleicht haben sie diese Themen auch über das Leben hinweg begleitet: Warum leben wir, gibt es noch etwas nach dem Tode, habe ich mein Leben sinnvoll gelebt, habe ich Lebenszeit verschwendet, fühle ich mich zu kurz gekommen, waren

---

58   Verband der Filmverleiher (o.J.).

wir als Generation durch bestimmte Ereignisse benachteiligt, habe ich/haben wir als Generation durch den Krieg Schuld auf uns geladen, was bleibt von mir, was hinterlassen wir als Generation u.Ä.? Sicherlich sind dies Themen, die man nicht einfach „mal eben" mit Fremden diskutiert. Aber trotzdem ist es nicht unmöglich, ein solches Gespräch mit einer guten Moderation in Gang zu bringen, wenn das Oberthema klar angekündigt wurde und die Menschen sich dafür entschieden haben.

Auch intergenerationell sind solche Diskussionen oft sehr bereichernd, weil die Jungen den Älteren diese Fragen stellen und häufig einbringen, was sie sich vorstellen, wo sie gegen Ende ihres Lebens stehen möchten. Es bringt die Älteren dazu, darüber nachzudenken, von wo aus sie gestartet sind, was sie vom Leben ursprünglich erwartet haben, wie die Zeitläufte waren. Mit Jugendlichen ab 14–16 Jahren, mit Studierenden und interessierten älteren Bürger/innen sind solche Diskussionen durchführbar.

Alternativ organisiert man einen Austausch der Älteren untereinander. Eine interessante Gratwanderung ist es, wenn Menschen aufeinandertreffen, die sich als gläubige Christen (oder Angehörige anderer Religionsgemeinschaften) bzw. als Atheisten verstehen. Gibt es überhaupt Unterschiede in Bezug auf die großen Lebensfragen in Abhängigkeit von den religiösen oder politischen Einstellungen oder betrifft dies nur sehr spezielle Bereiche, wie ein Weiterleben nach dem Tode?

Einstieg und weiterer Verlauf

Man kann ein solches selbstorganisiertes Angebot in einem Rahmen anbieten, von wo man es in der Regel erwartet: den Kirchen oder spirituellen Zentren. Man kann die Anleitung, Moderation an Personen abgeben, die in diesen Bereichen arbeiten, damit Erfahrung haben, fortgebildet sind, für sich selbst in diesen Fragen eine geistige Heimat gefunden haben.

Aber es ist auch ganz anders denkbar. Ähnlich den „Hauskreisen" in den evangelischen Freikirchen, in denen sich die Menschen auf Augenhöhe, d.h. ohne Experten und Expertinnen, mit ihren Fragen an das Leben auseinandersetzen, geht man es einfach an. Hilfreich kann sein, einen Text hinzuzuziehen, den man den Teilnehmenden vorher zukommen lässt, oder sich Fragen zu überlegen und darüber auszutauschen. Vielleicht ist eine Mischung von Diskussionen untereinander und auch die Einladung von Personen, die sich professionell mit solchen Fragen beschäftigen, ein passendes Herangehen.

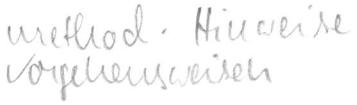

51

Zu beachten!

In allen Gesprächskreisen gibt es Menschen, die gern viel erzählen, viel zu sagen und fragen haben, und Menschen, die eher zurückhaltend sind. Die Vielredner zu bremsen, ohne dass es zu Kränkungen kommt, ist kein einfaches Geschäft, da dezente und geschickte Moderation zwar vieles vermag, aber auch nicht immer erfolgreich ist. Sinnvoll ist, zurückhaltende Personen aktiv einzubeziehen, möglichst ohne dass sie sich bedrängt fühlen. Gerade im Austausch mit jungen Menschen kommt es immer wieder dazu, dass einige ältere Menschen sehr gern ihre vielen Erfahrungen teilen möchten, sodass die Jungen kaum zu Wort kommen. Hier müssen die Moderator/innen ermutigen, auf eine nette Art Ausgleich und Chancengleichheit schaffen, ohne den großen „Zampano" abzugeben.

5.7 Gesundheit und Bewegung

Ziel

Die meisten Menschen wissen, dass es gut ist, sich viel und regelmäßig zu bewegen. Ein Teil der Älteren ist hochmotiviert, geht in Fitnessstudios, Rehabilitations-/Präventionsvereine, die sich im Umkreis von ambulanten Rehabilitationszentren gebildet haben, joggt, geht viel spazieren oder betreibt andere adäquate Sportarten. Andere tun sich schwer, regelmäßige Bewegung in ihren Tages- oder Wochenablauf zu integrieren. Hier können kleine selbstorganisierte Gruppen helfen, die Motivation und das Tun aufrechtzuerhalten. Bewegung tut gut, hebt meist die Stimmung, lässt die Natur, den Jahresablauf intensiver erleben und muss kein teures Unterfangen sein.

Einstieg und weiterer Verlauf

Die Initiative kann leicht ergriffen werden. Eine Spazier- oder Walkinggruppe braucht nur eine Ankündigung, einen Treffpunkt und jeder Teilnehmer/jede Teilnehmerin benötigt zweckmäßige Kleidung. Andere Angebote – wie Gymnastik auf dem Stuhl, auf dem Boden, eine Yogagruppe – brauchen Räumlichkeiten und eine entsprechende Ausstattung wie Matten oder Handgeräte sowie eine fachlich adäquate Anleitung. Hier entstehen auch Kosten. Wie in vielen anderen Bereichen ist es sinnvoll, zunächst ein Quartier daraufhin zu untersuchen, wo gute Strecken, Wege sind, in welchen Räumen, Häusern, Institutionen von wem bestimmte Angebote gemacht werden können oder bestehen. So kann man auf einer Quartierswebsite, in einem Flyer, auf Plakaten diese Möglichkeiten zusammentragen und bekannt machen, sodass Menschen durch Information erreicht werden. Wie fast immer wird die persönliche Ansprache am meisten wirken, sodass auch Menschen mitmachen, die bislang für sich immer Gründe fanden, bei den guten Vorsätzen zu bleiben. Soziale Teilhabe und Lebensqualtiät werden durch Bewegungsangebote gestärkt.

Zu beachten!

Auch bei Anleitung durch eine erfahrene und die Sportart selbst praktizierende engagierte Person, die diese Tätigkeit kostenlos oder für einen kleinen Beitrag übernimmt, muss die Versicherungssituation der Teilnehmenden geklärt werden. Fällt sie unter die Haftpflicht- und Unfallversicherung für Freiwilligenengagement der jeweiligen Bundesländer? In der Regel sollte man in Deutschland auf jeden Fall selbst eine Privathaftpflichtversicherung haben. Muss der Anleiter/die Anleiterin einen Übungsleiterschein haben? Sollte das Bewegungsangebot unter dem Dach eines Sportvereins stattfinden? Am unkompliziertesten wird es sein, sich privat zusammenzutun und draußen zu bewegen!

6. Einflussfaktoren des Gelingens oder Nicht-Gelingens von Netzwerkprozessen, Aktivierung und Selbstorganisation

Die Gewinnung von freiwillig Engagierten, die längerfristig in einem neu zu etablierenden Netzwerk für Ältere oder für intergenerationelle Begegnungen nachhaltig aktiv bleiben, ist zunächst immer ein Unternehmen, das von seinem Inhalt her überzeugt und Engagementwillige anzieht. Der Beginn ist meist freudig und engagiert, sein Ausgang indes ungewiss. Es ist vor allem leichter, Menschen dafür zu begeistern, wenn sie a) eine sinnvolle Betätigung suchen und über freie Zeit verfügen, b) die Wirkung solcher Engagements bei Angehörigen (z.B. den eigenen Eltern) erlebt haben oder c) sich selbst langsam einer Ziel-/Altersgruppe annähern, in der sie solche Engagements und eine stärkere Teilhabe schätzen würden.

Es ist leichter, Menschen für etwas zu gewinnen, wenn es in einer Gemeinde oder in einem Quartier gewachsene Traditionen gibt, sich in bestimmten Netzwerken und für bestimmte Gruppen zu engagieren. Die Gründe, warum Menschen dabeibleiben oder nicht, sind komplex und durchaus nachvollziehbar. Dies sollte sich ein Netzwerker/eine Netzwerkerin – gleichgültig, ob professionell oder ehrenamtlich – immer wieder klarmachen und auch versuchen, mit Enttäuschung und Frustration vernünftig umzugehen, vor allem schwierige Entwicklungsprozesse nicht zu sehr auf die eigene Person und das eigene Tun zu beziehen.

Was macht die Etablierung freiwilliger nachhaltiger Engagement-Netzwerke schwierig? Gefordert sind Verbindlichkeit sowie Verlässlichkeit einerseits und das Einbringen von Freizeit sowie eine gewisse Bindung an den Lebens-/Wohnort andererseits. Oft starten Interessierte, die von solchen Ideen der Hilfe, des Netzwerks im eigenen Dorf oder Stadtquartier überzeugt sind, mit einem hohen Engagement und Enthusiasmus. Auf kürzere Phasen von Engagement folgen Frustration und das Wegbrechen der Aktivitäten, wenn das Engagement der Mitbürger/innen ausbleibt bzw. deren Anzahl klein ist oder die Beteiligung ständig variiert, sodass verlässliche Entwicklungen nur mühsam vorwärtskommen. Im Gegensatz zu den Professionellen können diejenigen, die versuchen, mit anderen „etwas auf die Beine zu stellen", leichter aufgeben, das Engagement einstellen. Freiwillig engagierte Bürgerinnen und Bürger sind niemandem verpflichtet. Die Beteiligung setzt das Kennen und eine Akzeptanz der Initiator/innen voraus. Gut ist, wenn dafür Personen gewonnen werden können, die von anderen anerkannt sind und eine integrierende, konstruktive Rolle einnehmen. Beziehungsarbeit, Vertrauens- und Netzwerkaufbau brauchen Zeit.

Kurzfristig erreichbare positive Ergebnisse sind gegenüber kontinuierlichen Aktivitäten mit langfristiger Perspektive fast für alle Menschen, die sich freiwillig engagieren, zunächst attraktiver. Das heißt, wenn man Menschen für ein langfristiges Engagement gewinnen möchte, ist es wichtig, auch kleinere Erfolge zu sehen und zu würdigen, die Erwartungen nicht zu hoch zu setzen. Die Ergebnisse/Projekte müssen einen konkreten Nutzen für die Beteiligten haben. Konkreter Nutzen kann und darf dabei auch „nur" Spaß sein. Wenn der Nutzen erkennbar ist, gibt es eine Beteiligung (z.B. Tanzveranstaltungen, Debatten auf öffentlichen Plätzen über die Situation der Älteren oder anderer Bewohnergruppen im Quartier).

Allein die Fokussierung auf „Selbstorganisation" stellt für Interessierte zum Teil ein Hindernis dar, da sich viele Engagementwillige eher strukturierte Angebote wünschen, bei denen sie nicht eine subjektiv als groß empfundene Verantwortung tragen müssen. Es ist eine Generation dabei, älter zu werden, die nur zum Teil die Freiheit und die Chance hatte, in ihrem beruflichen Alltag oder gesellschaftspolitischen Engagement eine gewisse Eigenverantwortlichkeit zu übernehmen. Aber manche wollen auch genau das: endlich Verantwortung übernehmen, selbstbestimmt tätig sein. Entweder sie waren es beruflich gewohnt oder sie können sich endlich ausprobieren, nachdem ihnen im Beruf zu viel und zu oft gesagt wurde, „wo es langgeht". Schwierig gestalten sich Prozesse, wenn einzelne Engagementwillige, die verantwortliche Leitung in ihrem Berufsalltag gelebt haben, dieses auf andere Engagementwillige übertragen und sie wie Mitarbeiter/innen ihrer (ehemaligen beruflichen) Projekte behandeln. Hier kommt es leicht zu Konflikten, da andere Engagementwillige ihren eigenen Rhythmus haben und eben keine Angestellten sind. Netzwerker/innen tun gut daran, solche Prozesse wahrzunehmen und darüber das Gespräch zu suchen.

Setzt man in einem Quartier oder Dorf auf die Berufstätigen, muss man sich vor Augen führen, dass viele Aktive oder potenziell Interessierte bereits ausgelastet sind mit dem Alltag und anderen Engagements. Die Beanspruchungen durch das tägliche Pendeln zur Arbeit, die eigene Familie, das eigene Haus oder den eigenen Garten, das Kümmern um die eigenen älter werdenden Eltern sind nicht zu unterschätzen. Es ist also in kleineren Quartieren oder Dörfern oft nur eine begrenzte Anzahl von Menschen erreichbar und aktivierbar.

Immer wieder ist zu beobachten, dass in Quartieren, die als sogenannte soziale Brennpunkte gelten, die meistens durch verschiedene Maßnahmen der sozialen Stadtentwicklung gegangen sind, die vorhandenen sozialen Träger um die wenigen aktiven und aktivierbaren Personen konkurrieren. Parallelprojekte, Abgrenzungsprobleme, wer macht eigentlich was im Quartier, Mehrfachansprache der Bewohner/innen sind Alltag und führen zu Frustration und unguten Entwicklungen. Bisweilen ist in solchen Stadtteilen eine Aktivierungsmüdigkeit festzustellen. Die vielen partizipativen Projekte, die die Bewohner/innen über die Jahre „bei ihren Interessen abgeholt" und sicher durchaus zu Verbesserungen der Lebenssituationen im Quartier beigetragen haben, haben den Charme des Neuen verloren. Neu Hinzugezogene lassen sich manchmal gewinnen, bei anderen mögen Überlegungen vorherrschen wie: „Ist es wirklich entscheidend, dass ich mitmache, wird sich dadurch wirklich etwas grundsätzlich verändern?"

Gerade weil die Engagementprozesse durch den gesellschaftlichen Diskurs und die Politik so im öffentlichen Bewusstsein sind und die heutzutage sich engagierenden Bürgerinnen und Bürger eher auf eine Win-win-Situation in ihrem Engagement achten, wird man als Netzwerker/in auch mit einer gewissen Politikverdrossenheit konfrontiert werden. Die Bürger/innen möchten nicht als „Lückenbüßer" einer als verfehlt oder ungerecht empfundenen Sozialstaatspolitik in die Bresche springen. So schauen z.B. Menschen, die langzeitarbeitslos aus einem bestimmten gesellschaftlichen Kontext ausgeschieden sind oder sich im Osten Deutschlands als „Wendeverlierer" empfunden haben, durchaus genauer auf Aspekte wie „Wem nutzen wir und wer wird die Erfolge beanspruchen?"

55

Subjektiv gibt es oft mehr gute Gründe, etwas nicht zu machen, als es zu machen, auch wenn die Sache an sich „für ganz gut" befunden wird. Sprachbereitschaft ist eben nicht gleich Engagementbereitschaft und Engagementbereitschaft ist nicht gleich Durchhalten bei sich einstellenden Schwierigkeiten. Menschliche Vorbehalte und langjährige Erfahrungen miteinander stehen einem dauerhaften Engagement häufig entgegen. All diese Hinderungsgründe heißen allerdings nicht, dass man nicht doch im Einzelfall oder Notfall einander hilft.

Ein anderer Aspekt ist, dass, wenn sich Netzwerke für ältere Menschen auf ältere Menschen stützen, die eigene gesundheitliche Situation oder die von nahen Angehörigen sowie Pflege- oder Todesfälle im eigenen Lebensbereich häufiger ein Engagement beenden. Ein Rückzug ins Private kann also sehr unterschiedliche Gründe haben.

Die Anforderungen des demografischen Wandels liegen für viele noch zu weit in der Zukunft, auch wenn sie objektiv betrachtet schon zu den Älteren gehören. Das Thema Alter ist für Ältere selbst nicht unbedingt attraktiv. Wer fühlt sich wirklich davon angesprochen? Die frühzeitige Auseinandersetzung mit dem Alter und der Frage, wie man dann leben möchte, wird verdrängt und findet zum Teil bewusst nicht statt. Auch eine ratlose oder bewusste Haltung ist anzutreffen, die darauf setzt, dass die Systeme für die eigene Generation noch tragen werden, und was danach kommt, müssen die nächsten Generationen selbst lösen. In der innerlichen Bilanz kann sogar eine Rolle spielen, dass man selbst den Krieg erfahren hat, während die Jüngeren bislang in Frieden, zum Teil in Freiheit und/ oder Wohlstand gelebt haben.

Manchmal müssen Initiativen aber auch mit einem anderen Problem umgehen. Es gibt Engagementwillige, aber die Frage ist, wer braucht das Engagement, wo sind diejenigen, die es gern annehmen würden? Die Vorstellung, dass Bedarfe oder Mangelerleben auf der sozialen Ebene – z.B. Einsamkeitsgefühle – relativ leicht geäußert werden, wenn die Möglichkeit geboten wird, ist meistens nicht richtig. Das Zugeständnis, dass man etwas braucht, etwas vermisst, „eine organisierte Hilfe" in Anspruch nehmen würde, wird durch Scham und zurückhaltende Mentalitäten verhindert. Anonymität ist nicht einfach zu überwinden; Ermutigung und freundliches Zugehen auf die Menschen reicht in der Regel nicht aus, auch wenn es noch so gut gemeint ist. Man muss diese Form des Wollens und Annehmens auch gelernt haben oder bereit sein, dies zu lernen. Ohne Eigeninitiative und Willen der Bewohner/innen selbst ist fast nichts machbar.

Wer die bedürftigen und vereinsamten alten Menschen am ehesten kennt, sind Ärzt/innen und die Mitarbeiter/innen von Pflegediensten. Einerseits besteht Schweigepflicht und andererseits sind Pflegedienste „am Markt" positioniert und bieten gegen Geld Module wie Hausarbeit, Spazierengehen u.a.m. an. Hier ergibt sich gegenüber ehrenamtlichen Netzwerken – sofern diese nicht direkt zu einem Pflegedienst gehören – eine gewisse Konkurrenzsituation. Man tut als Netzwerker/in gut daran, dieses offen und gesprächsbereit anzugehen, auf Austausch von Diensten und Bewohner/innen in einem Quartier zu setzen.

Manchmal hilft bei der Überwindung von inneren Grenzen der Betroffenen, wenn es aus dem eigenen Umfeld jemanden gibt, der ermutigt, vermittelt, vielleicht zunächst begleitet. Aber auch dann gehört eine innere Einstellung dazu, Grenzen zu überwinden und Dinge einmal anders zu machen oder machen zu lassen als bisher. Diese Grundhaltung wird früher im Leben erworben und ist im Alter kaum nur durch „gutes Zureden" zu erzielen. Es ist eher die Logik einer jüngeren Generation, der Mittelschicht angehörend, dass man Angebote medial und präsentationstechnisch nur gut genug und/oder mit Hilfe von Schlüsselpersonen in die Gemeinde tragen muss, damit Ältere oder andere Zielgruppen sie annehmen werden. Die Generationen, die auf Internetplattformen nach bestimmten Angeboten, Hilfen, Kontakten suchen, stellen jetzt noch nicht die Gruppe der alten und hochbetagten Menschen. Dieses Verhalten der Älteren wird sich aber in den nächsten Jahren deutlicher entwickeln.

Während man als jüngerer Mensch eher denkt, dass alte Menschen unbedingt bis zum Ende so aktiv und erlebnisinteressiert weitermachen möchten, wie sie es vielleicht als „junge Alte" durchaus noch getan haben, scheint dies im höheren Alter allenfalls bei einer Minderheit so zu sein. Die meisten älteren Menschen scheinen zu akzeptieren, dass mit dem Altwerden eben „die Dinge bescheidener werden", weniger erlebt wird, vieles nicht mehr geht, weil man abhängig ist von der Hilfe anderer, denen man nicht zur Last fallen will. Die Prämisse „Das Leben ist *mehr* als zwei Pflegeeinsätze am Tag, das Essen auf Rädern und das Fernsehen!" scheint eher eine falsche Grundannahme zu sein. Wenn Menschen sich individuell unterschiedlich damit abfinden und akzeptieren, dass die Ereignisse im Leben weniger werden und nicht mehr so viel erlebt werden kann, dann sind eine funktionierende Grundversorgung und der Fernseher, das Radio als „Fenster zur Welt" vielleicht mehr, als man denkt. Das, was es noch gibt, kann auf diese Weise zufriedenstellend „verbraucht werden". Das alles schließt nicht aus, dass geistig an vielem rege Anteil genommen wird. Aber Aktivierung um jeden Preis scheint nicht die Lösung zu sein.

Aktivierung und Selbstorganisation benötigen Bedingungen, die man nicht einfach machen oder erwarten kann. Tatsache ist, dass es, wenn in Orten keine Traditionen der eigeninitiierten und selbstorganisierten Hilfen herrschen oder diese – durchaus aus gutem Grunde – aufgegeben wurden, ein langer Prozess ist, solche Traditionen erneut zu etablieren, bei dem Rückschläge meist dazugehören.[59]

Die Ergebnisse des Potsdamer SILQUA-Projektes bezüglich des Funktionierens von Selbstorganisationsprozessen sind in gewisser Weise ernüchternd. In manchen Orten funktioniert etwas, in anderen genau wiederum nicht. Das heißt, eindeutige „Erfolgsrezepte" gibt es nicht. Unrealistisch ist jedoch, dass auf professionelle Steuerung, Moderation und/oder Beratung gänzlich verzichtet werden kann. Gerade weil die Prozesse so labil sind, förderliche und hinderliche Faktoren im individuellen Fall betrachtet werden müssen, braucht es haupt- oder ehrenamtliche, längerfristig sich bindende, anerkannte Einzelpersonen. Diese Personen müssen bestimmte persönliche Qualitäten und Fähigkeiten mitbringen. Die Hoffnung, dass das bürgerschaftliche freiwillige Engagement die Auswirkungen des demografischen Wandels zusammen mit der Profihilfe auffangen oder deutlich abmildern wird, ist eher eine zarte Pflanze, die einer guten Pflege bedarf.

Dazu gehört auch, dass es kontinuierliche, auch alltägliche Anerkennungsformen für bürgerschaftliches Engagement gibt. Verbindliche ehrenamtliche Aufgabenübernahme erfordert zudem leichte Zugänglichkeit, die von Professionellen und einer entgegenkommenden Haltung in Verwaltung und anderen Institutionen hergestellt werden muss. Unterschiedliche Engagementformen (dauerhaft, sporadisch) sollten neben- oder miteinander existieren. Dies allein dem freien Spiel der Kräfte der Selbstorganisation zu überlassen, ist unrealistisch, sodass die Politik gefordert bleibt, „Netzwerker", „Koordinatoren" oder „Kümmerer" für solche Aufgaben zu ermöglichen, d.h. zu finanzieren. Auch eine gewisse finanzielle Be- oder Entlohnung für verbindliche Dienstleistungen sollte in der „Freiwilligenengagementdebatte" kein Tabu darstellen. Geld schafft Verbindlichkeit und ermöglicht vieles. Angesichts der erwarteten Zunahme von Altersarmut sind ein

---

59 In den östlichen Bundesländern kann regional nur sehr bedingt auf Traditionen wie Nachbarschaftshilfe in der Kirchengemeinde zurückgegriffen werden, anders als etwa in den südlichen Bundesländern. Frühere DDR-Initiativen wie „Timur und sein Trupp" (Kinder und Jugendliche, die regelmäßig Älteren zu helfen hatten) sind nach der Wende aufgegeben worden. Die Volkssolidarität ist heute ein Wohlfahrtsverband wie andere auch und hat ihre Klientel. Sich staatlich verordnet um andere – hier Ältere – kümmern zu müssen, kollidiert mit unserem Freiheits- und Sozialstaatsverständnis. Es ist auch eine Errungenschaft, dass Menschen in der derzeitigen Gesellschaft nicht zum freiwilligen Engagement verpflichtet werden können. Ob das so bleibt, ist abzuwarten.

kleiner Zuverdienst oder eine Jahresfahrkarte für den öffentlichen Nahverkehr durch Dienstleistungen für ältere Menschen auch nichts Unanständiges.

Eine wirkliche Alternative ist das solidarische Bürgergeld oder bedingungslose Grundeinkommen[60] und damit einhergehend ein notwendiger Umbau des Steuersystems, was bislang keine der traditionellen Parteien ernsthaft in Erwägung zieht. Hierdurch würden viele Bürger/innen in der Hartz-IV-Schleife mit weniger Verbitterung und Ausgrenzung akzeptabler in unserem Land leben können, die dann vielleicht auch in weitaus höherer Anzahl bereit wären, sich für verschiedenste gesellschaftliche Gruppen zu engagieren. Die Folgen des demografischen Wandels in den modernen Industriegesellschaften können derzeit nicht vorrangig durch Ehrenamts-/Freiwilligenarbeit in Selbstorganisation gelöst werden.

Ein Erklärungsmuster, warum Menschen verharren oder nur an sich und ihre Familien denken, ist neben dem evolutionären Erbe, die eigene nahestehende Gruppe unter allen Umständen durchbringen zu wollen, die derzeit nicht wirklich spürbare großflächige Not, auch wenn Not im Kleinen durchaus vorhanden ist. Einsamkeit, Verlassenheit, An-sich-selbst-Leiden, stille Gewalt gegenüber alten Menschen, dementes Dahindämmern sind nicht laut und zählen bei diesem Notbegriff in unserer Gesellschaft nicht wirklich. Es sind allenfalls individuelle Schicksale mit mehr oder weniger Eigenbeteiligung. Krieg, Hunger, Fluten, Überschwemmungen, schwere Unfälle, Atomkatastrophen verbinden wir mit großer Not. Dann rücken Menschen meistens ganz schnell zusammen, retten, unterstützen einander, teilen, zeigen Fürsorge gegenüber völlig fremden Menschen, vollbringen technische und menschliche Meisterleistungen und betreuen, trösten traumatisierte und leidende Menschen.

Müssen erst Ältere – so wie derzeit leider vereinzelt Kinder in familiären Kontexten an Vernachlässigung sterben oder wiederholt sehr vernachlässigt und reduziert aufgefunden und zu Pflegefamilien gebracht werden – vor sich hin verkümmern, vermehrt verlassen sterben, nach Wochen erst gefunden werden, könnte man provokativ fragen. Was macht es so schwierig, dass wir uns jenseits von Freund/innen, Familien oder auch direkten Nachbar/innen an ehrenamtlichen Strukturen für unser Wohnquartier, Dorf beteiligen und hier Verantwortung übernehmen? Und wie können wir uns wieder so einfinden, dass wir besser miteinander zurechtkommen, rücksichtsvoller sind, das Recht zu haben, Recht zu erkämpfen, sich durchzusetzen um jeden Preis eher die Ausnahme denn die Regel ist?

---

60 Vgl. http://www.n-tv.de/politik/dossier/Besser-als-Hartz-IV-article729730.html (1. August 2013).

Solche Fragen werden in den kommenden Jahren im Zusammenhang mit dem demografischen Wandel zu beantworten sein. Der Staat allein, die professionellen Dienste werden die Notwendigkeiten und Anforderungen – jenseits des Wünschenswerten –, die aus dem demografischen Wandel resultieren, nicht ausschließlich richten können. Der Weg liegt irgendwie zwischen der Kritik am aktivierenden, fordernden und abbauenden Sozialstaat und dem Recht auf Versorgung und Dienstleistungen, finanziert durch die Solidargemeinschaft. Dazwischen steht der Mensch!

7. Literaturverzeichnis

Alisch, Monika/May, Michael (Hrsg.) (2008): Kompetenzen im Sozialraum. Sozialraumentwicklung und -organisation als transdisziplinäres Projekt. Opladen/Farmington Hills.

Aner, Kirsten/Karl, Ute (Hrsg.) (2010): Handbuch Soziale Arbeit und Alter, Wiesbaden.

Apitzsch, Ursula/Schmidbaur, Marianne (Hrsg.) (2010): Care und Migration. Die Ent-Sorgung menschlicher Reproduktionsarbeit entlang von Geschlechter- und Armutsgrenzen. Opladen/Farmington Hills.

Arbeitsgemeinschaft Seniorengenossenschaften in der Arbes Baden-Württemberg (2003): Befragung zur Lebenssituation älterer Menschen – deren Wünsche und Bedürfnisse – in Baden-Württemberg, Riedlingen, http://www.martin-riedlingen.de/downloads /Befragung-ausfuehrlich.pdf.pdf (2. August 2013).

Barre, Klaus/Hekele, Kurt/Popplow, Hildegard (1977): Enzyklopädisches Stichwort: Nachbarschaft, in: Gronemeyer, Reimer; Bahr, Hans-Eckehard (Hrsg.): Nachbarschaft im Neubaublock. Empirische Untersuchungen zur Gemeinwesenarbeit, theoretische Studien zur Wohnsituation, Weinheim/Basel, S. 364–374.

Berlin-Institut (Hrsg.) (2007): Gutachten zum demografischen Wandel im Land Brandenburg – Expertise angefertigt im Auftrag des Brandenburgischen Landtages, Berlin, http://www.berlin-institut.org/fileadmin/user_upload/Studien/Brandenburg_Webversion.pdf (24. Juni 2013).

Blüher, Stefan/Stosberg, Manfred (Hrsg.) (2004): Neue Vergesellschaftungsformen des Alter(n)s, Wiesbaden.

Bott, Jutta M./Winkler, Santje Maike/Tepperwien, Sven/Wolf, Susann/Rhinow, Melanie/Krüger, Christine/Meyer, Melissa (2013): Abschlussbericht SILQUA-Projekt: „Gut leben im (HOHEN) Alter" – Konzepte sozialraumorientierter Unterstützung von Selbstsorge, Selbstorganisation und Vernetzung im demographischen Wandel, Potsdam 2013, http://sozialwesen.fh-potsdam.de/fileadmin/FB1/user/fb1Bott/1-BMBF-Fkz17S05X09_SilquaPotsdam_Abschlussbericht_Anhang.pdf (10. Januar 2014).

Bundesministerium für Familie, Senioren, Frauen und Jugend (BMFSFJ) (2013): Aktionsprogramm, Hintergründe, Fakten und Zahlen zum Aktionsprogramm. http://www.mehrgenerationenhaeuser.de/921(29. Juli 2013).

Bundesministerium für Familie, Senioren, Frauen und Jugend (BMFSFJ) (2012): Kristina Schröder: „Gute Netzwerke in der Kommune sind Voraussetzung für ein selbstbestimmtes Leben im Alter", http://www.bmfsfj.de/ BMFSFJ/Presse/pressemitteilungen,did=193672.html (7. Mai 2013).

Callies, Oliver (2003): Nachbarschaft als Arbeitsfalle? Junge Arbeitslose und ihr Wohnviertel, Hamburg.

Clemens, Wolfgang/Backes, Gertrud (Hrsg.) (1998): Altern und Gesellschaft. Gesellschaftliche Modernisierung durch Altersstrukturwandel, Opladen.

Deutscher Bundestag (2010): Unterrichtung durch die Bundesregierung – Sechster Bericht zur Lage der älteren Generation in der Bundesrepublik Deutschland. Altersbilder in der Gesellschaft. Bericht der Sachverständigenkommission und Stellungnahme der Bundesregierung. Berlin, Bundestags-Drucksache 17/3815, 17. November 2010.

Deutscher Bundestag (2000): Unterrichtung durch die Bundesregierung – Dritter Bericht zur Lage der älteren Generation in der Bundesrepublik Deutschland: Alter und Gesellschaft. Bericht der Sachverständigenkommission und Stellungnahme der Bundesregierung, Berlin, Bundestags-Drucksache 14/5130, 19. Januar 2001.

Deutsches Zentrum für Altersfragen e.V. (1991): Alte Menschen in der Stadt und auf dem Lande, Berlin.

Dörner, Klaus (2008 a): Leben und Sterben: Die neue Bürgerhilfebewegung, in: Aus Politik und Zeitgeschichte 4/2008, S. 21–25.

Dörner, Klaus (2008 b): Helfende Berufe im Markt-Doping. Wie sich Bürger- und Profi-Helfer nur gemeinsam aus der Gesundheitsfalle befreien, Neumünster.

Dörner, Klaus (2007): Leben und sterben, wo ich hingehöre. Dritter Sozialraum und neues Hilfesystem, Neumünster.

Grimm, Gaby/Hinte, Wolfgang/Litges, Gerhard (2004): Quartiermanagement. Eine kommunale Strategie für benachteiligte Wohngebiete, Berlin.

Gronemeyer, Reimer (1977): Neubauwohnungen – Bausteine der Versorgungskultur. Über die Zentralisierung von Lebensstilen, über Fragmentierung im modernisierten Alltag und über „nachbarschaftliche" Alternativen, in: Gronemeyer, Reimer/Bahr, Hans-Eckehard (Hrsg.): Nachbarschaft im Neubaublock. Empirische Untersuchungen zur Gemeinwesenarbeit, theoretische Studien zur Wohnsituation, Weinheim und Basel, S. 43–72.

Gronemeyer, Reimer/Bahr, Hans-Eckehard (Hrsg.) (1977): Nachbarschaft im Neubaublock. Empirische Untersuchungen zur Gemeinwesenarbeit, theoretische Studien zur Wohnsituation, Weinheim und Basel.

Groß, Dirk/Holz, Gerda/Boeckh, Jürgen (2005): Qualitätsentwicklung für lokale Netzwerkarbeit. Ein Evaluationskonzept und Analyseraster zur Netzwerkentwicklung, Frankfurt a.M.

Hamm, Bernd (2000): Nachbarschaft, in: Häußermann, Hartmut (Hrsg.): Großstadt. Soziologische Stichworte, Opladen, S. 173–182.

Hamm, Bernd (1973): Betrifft: Nachbarschaft. Verständigung über Inhalt und Gebrauch eines vieldeutigen Begriffs, Düsseldorf.

Häußermann, Hartmut (Hrsg.) (2000): Großstadt. Soziologische Stichworte, Opladen.

Häußermann, Hartmut/Siebel, Walter (1996): Soziologie des Wohnens. Eine Einführung in Wandel und Ausdifferenzierung des Wohnens, Weinheim/München.

Herlyn, Ulfert (1970): Wohnen im Hochhaus. Eine empirisch-soziologische Untersuchung in ausgewählten Hochhäusern der Städte München, Stuttgart, Hamburg und Wolfsburg, Stuttgart/Bern.

Hinte, Wolfgang/Lüttringhaus, Maria/Oelschlägel, Dieter (2011): Grundlagen und Standards der Gemeinwesenarbeit – Ein Reader zu Entwicklungslinien und Perspektiven. 3. Aufl., Weinheim/München.

Karl, Fred (1993): Sozialarbeit in der Altenhilfe, Freiburg i.Br.

Karl, Fred/Aner, Kirsten/Bettmer, Franz/Olbermann, Elke (2008): Perspektiven einer neuen Engagementkultur. Praxisbuch zur kooperativen Entwicklung von Projekten, Wiesbaden.

Kessl, Fabian (2012): „Aktiv in Freiheit oder freigesetzt zur Aktivität? Eine Kontextualisierung der gegenwärtigen Politiken für ein aktives Altern." Vortrag zur Abschlusstagung des Potsdamer SILQUA-Projektes „Adieu späte Freiheit – Altern in Zeiten von Aktivierung, Selbstmanagement & gesellschaftlicher Indienstnahme", Potsdam 16. Februar 2012; http://sozialwesen.fh-potsdam.de/5648.html.

Kessl, Fabian (2011 a): Von der Omnipräsenz der Kooperationsforderung in der Sozialen Arbeit. Eine Problematisierung, in: Zeitschrift für Sozialpädagogik, 9. Jg., 2. Vj., S. 405–415.

Kessl, Fabian (2011 b): Zivilgesellschaft, in: Otto, Hans-Uwe/Thiersch, Hans (Hrsg.): Handbuch Soziale Arbeit – Grundlagen der Sozialarbeit und Sozialpädagogik. 4. Aufl., München, S. 1765–1774.

Kessl, Fabian (2005/2013): Anerkannt und angepasst? Zur programmatischen Bestimmung der Gemeinwesenarbeit, in: Lutz, Ronald (Hrsg.): Befreiende Sozialarbeit. Skizzen einer Vision, Oldenburg, http://www.sozialraum.de/anerkannt-und-angepasst.php (31. Juli 2013).

Krummacher, Michael/Kulbach, Roderich/Waltz, Viktoria/Wohlfahrt, Norbert (2003): Soziale Stadt – Sozialraumentwicklung – Quartiersmanagement. Herausforderungen für Politik, Raumplanung und soziale Arbeit, Opladen.

Kruse, Andreas (2007): Was stimmt? Alter. Die wichtigsten Antworten, Freiburg i.Br.

Künemund, Harald/Kohli, Martin (2010): Soziale Netzwerke, in: Aner, Kirsten/Karl, Ute (Hrsg.): Handbuch Soziale Arbeit und Alter, Wiesbaden, S. 310–313.

Lang, Frieder R. (2000): Soziale Beziehungen im Alter: Ergebnisse der empirischen Forschung, in: Wahl, Hans-Werner/Tesch-Römer, Clemens (Hrsg.) (2000): Angewandte Gerontologie in Schlüsselbegriffen, Stuttgart, S. 142–147.

Lessenich, Stephan (2008/2013): Die Neuerfindung des Sozialen – Der Sozialstaat im flexiblen Kapitalismus. 3. Aufl., Bielefeld.

Müller, C. Wolfgang (1982/1999): Wie Helfen zum Beruf wurde, Band I – Eine Methodengeschichte der Sozialarbeit 1883–1945, Weinheim/Basel.

Müller, C. Wolfgang (1977): Aktivität im Neubaublock, in: Gronemeyer, Reimer/ Bahr, Hans-Eckehard (Hrsg.): Nachbarschaft im Neubaublock. Empirische Untersuchungen zur Gemeinwesenarbeit, theoretische Studien zur Wohnsituation, Weinheim und Basel, S. 204–225.

Netzwerk: Soziales neu gestalten (Hrsg.) (2009): Zukunft Quartier – Lebensräume zum Älterwerden. Band 2: Eine neue Architektur des Sozialen – Sechs Fallstudien zum Welfare Mix, Gütersloh.

Nothacker, Gerhard (2013): Versicherungs- und haftungsrechtliche Perspektiven im Ehrenamt und im bürgerschaftlichen sozialen Engagement. http://sozialwesen.fh-potsdam.de/fileadmin/FB1/user/fb1Bott/2-BMBF-Fkz17S05X09_Silqua-Potsdam_Beilage_Rechtsgutachten.pdf (10. Januar 2014).

Otto, Ulrich/Bauer, Petra (Hrsg.) (2005): Mit Netzwerken professionell zusammenarbeiten. Band 1: Soziale Netzwerke in Lebenslauf- und Lebenslagenperspektive, Tübingen.

Petermann, Sören (2002): Persönliche Netzwerke in Stadt und Land. Siedlungsstruktur und soziale Unterstützungsnetzwerke im Raum Halle/Saale, Wiesbaden.

Rerrich, Maria S. (2010): Care und Gerechtigkeit. Perspektiven der Gestaltbarkeit eines unsichtbaren Arbeitsbereichs, in: Apitzsch, Ursula/Schmidbaur, Marianne (Hrsg.): Care und Migration. Die Ent-Sorgung menschlicher Reproduktionsarbeit entlang von Geschlechter- und Armutsgrenzen, Opladen/Farmington Hills, S. 77–93.

Schneider, Johann (2005): Sozialraum Stadt. Sozialraumorientierung kommunaler (Sozial)Politik – eine Einführung in die Sozialraumanalyse für Soziale Berufe, Frankfurt a.M.

Scholl, Annette/Konzet, Susanne (2010): Nachbarn: nebeneinander, miteinander, füreinander, in: Pro Alter 3/2010, S. 8–13.

Schweppe, Cornelia (2000): Biographie und Alter(n) auf dem Land. Lebenssituation und Lebensentwürfe, Opladen.

Statista (2013): http://de.statista.com/statistik/daten/studie/156951/tab/2/umfrage/anzahl-der-einpersonenhaushalte-in-deutschland-seit-1991/; http://de.statista. com/statistik/daten/studie/13496/umfrage/single-haushalte-nach-altersgruppen-von-1985-bis-2009/ (29. Juli 2013).

Statistisches Bundesamt (2009): Bevölkerung Deutschlands bis 2060. 12. koordinierte Bevölkerungsvorausberechnung, Wiesbaden, http://www.statis.de (13. April 2013).

Thieme, Frank (2008): Alter(n) in der alternden Gesellschaft. Eine soziologische Einführung in die Wissenschaft vom Alter(n), Wiesbaden.

tns infratest München (2010): Hauptbericht des Freiwilligensurveys 2009. Ergebnisse der repräsentativen Trenderhebung zu Ehrenamt, Freiwilligenarbeit und Bürgerschaftlichem Engagement. Zusammenfassung, http://www.bmfsfj.de/ RedaktionBMFSFJ/Broschuerenstelle/Pdf-Anlagen/3.Freiwilligensurvey-Zusam menfassung,property=pdf,bereich=bmfsfj,sprache=de,rwb=true.pdf (10. Januar 2014).

van Dyk, Silke (2013): „Fit ohne Ende – gesund ins Grab? Alter(n) im aktivierenden Sozialstaat". Vortrag auf der Tagung „Nordic Walking oder am Stock gehen? Perspektiven auf Altern und Altsein" – Eine Tagung der Landesvereinigung für Gesundheit und Akademie für Sozialmedizin Niedersachsen e. V., Hannover, 29. Mai 2013.

van Dyk, Silke (2010): Vom Schattendasein zum Bodenschatz? Zur aktivgesellschaftlichen Entdeckung des Post-Erwerbslebens, in: Widersprüche. Zeitschrift für sozialistische Politik im Bildungs-, Gesundheits- und Sozialbereich, 117, S. 33–48.

van Dyk, Silke (2009): Das Alter: adressiert, aktiviert, diskriminiert. Theoretische Perspektiven auf die Neuverhandlung einer Lebensphase, in: Berliner Journal für Soziologie, 19, S. 601–625.

Verband der Filmverleiher (o.J.), Merkblatt zur öffentlichen Vorführung, Wiedergabe und Bewerbung von Filmwerken, http://www.vdfkino.de/verwertung/ Merkblatt-Verwertung.pdf (31. Juli 2012).

Wahl, Hans-Werner/Tesch-Römer, Clemens (Hrsg.) (2000): Angewandte Gerontologie in Schlüsselbegriffen, Stuttgart.

Woog, Astrid (2006): Einführung in die Soziale Altenarbeit. Theorie und Praxis. Weinheim/München.

Zippel, Christian/Kraus, Sibylle (Hrsg.) (2003): Soziale Arbeit mit alten Menschen. Sozialarbeit in der Altenhilfe, Geriatrie und Gerontopsychiatrie. Ein Leitfaden für Sozialarbeiter und andere Berufsgruppen, Berlin.

8. Weiterführende Literatur und digitale Ressourcen zu Kapitel 5

Ein Grundlagenwerk zu vielen Aspekten des Bürgerschaftlichen Engagements ist:
Olk, Thomas/Hartnuß, Birger (Hrsg.) (2011): Handbuch Bürgerschaftliches Engagement, Weinheim und Basel.

Ein interessantes Buch zu den bevorstehenden Herausforderungen:
Schüle, Christian (2009): Vom Ich zum Wir – Was die nächste Gesellschaft zusammenhält. München/Zürich.

Empowerment und Befähigung für selbstorganisierte Projekte

Zu Sponsoring:
Mutz, John/Murray, Katherine (2008): Fundraising, Sponsoring und Spenden für Dummies, Weinheim.

Zur Absicherung des Ehrenamts:
Nothacker, Gerhard (2013): Versicherungs- und haftungsrechtliche Perspektiven im Ehrenamt und im bürgerschaftlichen sozialen Engagement, http://sozialwesen.fh-potsdam.de/fileadmin/FB1/user/fb1Bott/2-BMBF-Fkz17S05X09_Silqua-Potsdam_Beilage_Rechtsgutachten.pdf (10. Januar 2014).

Hilfreiche Methodenhandbücher:
Bundeszentrale für politische Bildung (Hrsg.) (2006): Großgruppenveranstaltungen in der politischen Bildung – Konzepte und Methodenüberblick, Gestaltung und Moderation in der Praxis, Bonn.
Ley, Astrid/Weitz, Ludwig (Hrsg.) (2003): Praxis Bürgerbeteiligung – Ein Methodenhandbuch. Arbeitshilfen für Selbst- und Bürgerinitiativen Nr. 30, herausgegeben von der Stiftung Mitarbeit, Bonn.
Lüttringhaus, Maria/Richers, Hille (2007): Handbuch Aktivierende Befragung – Konzepte, Erfahrungen, Tipps für die Praxis, 2. Aufl., Arbeitshilfen für Selbst- und Bürgerinitiativen Nr. 29, herausgegeben von der Stiftung Mitarbeit, Bonn.
Senatsverwaltung für Stadtentwicklung und Umwelt Berlin (Hrsg.) (2012): Handbuch zur Partizipation, 2. Aufl., Berlin: http://www.stadtentwicklung.berlin.de /soziale_stadt/partizipation/de/handbuch.shtml (31. Juli 2013).

Beispiele aus der Kommunalpolitik:
Bischof, Christine/Weigl, Barbara (Hrsg.) (2010): Handbuch innovative Kommunalpolitik für ältere Menschen, Berlin.

Fragebogenerstellung, Interviews:
http://arbeitsblaetter.stangl-taller.at/FORSCHUNGSMETHODEN/Fragebogen.
shtml
http://arbeitsblaetter.stangl-taller.at/FORSCHUNGSMETHODEN/Frageformulie-
rungDetail. shtml
http://arbeitsblaetter.stangl-taller.at/FORSCHUNGSMETHODEN/Interview.shtml
(31. Juli 2013).

Generationen-Tandems

Auf der Internetseite des Potsdamer SILQUA-Projektes www.nachbarschaft-und-
altern.de befinden sich im Anhang, Kap. VII h, S. 92–97 Einladungsschreiben,
Ankündigungsflyer u.a., die für das Generationen-Tandemprojekt entwickelt
wurden, http://sozialwesen.fh-potsdam.de/fileadmin/FB1/user/fb1Bott/SILQUA_
Potsdam_Anhang_2009-2013_plakat_klein.pdf (2. August 2013).

Gruber, Thomas/Zehetmair, Hans (Hrsg.) (2008): Jung und Alte – Miteinander
leben – voneinander lernen – einander zuhören, Grünwald.
Marquard, Markus/Schabacker-Bock, Marlis/Stadelhofer, Carmen (2008): Alt und
Jung im Lernaustausch. Eine Arbeitshilfe für intergenerationelle Lernprojekte,
Weinheim/Müchen.

Organisierte Nachbarschaftshilfe

Deutscher Städte- und Gemeindebund (DStGB)/Netzwerk Soziales neu gestalten
(SONG) (2012): Lebensräume zum Älterwerden – Anregungen und Praxisbei-
spiele für ein neues Miteinander im Quartier. Dokumentation No. 110; Ver-
lagsbeilage „Stadt und Gemeinde INTERAKTIV"; Ausgabe 12, Berlin, http://
www.netzwerk-song.de/fileadmin/user_upload/DStGB-SONG-Doku_Lebens-
raeume_ zum_Aelterwerden.pdf (2. August 2013).
Netzwerk Soziales neu gestalten (SONG) (Hrsg.): Zukunft Quartier. Hilfe-Mix
– Ältere Menschen in Balance zwischen Selbsthilfe und (professioneller)
Unterstützung (Themenheft 1). Gemeinsam mehr erreichen – Lokale Vernetzung und Kooperation (Themenheft 2), Gütersloh, http://www.bertelsmann-
stiftung.de/bst/de/media/xcms_bst_dms_27091_27092_2.pdf,   http://www.
bertelsmann-stiftung.de/bst/de/media/xcms_bst_dms_26759_26760_2.pdf (2.
August 2013).
Jonuschat, Helga/Henseling, Christine/Thio, Sie Liong (2012): Generationen-
gerechtes Wohnen und Leben – Strategien für Kommunen. WerkstattBericht
Nr. 118, im Auftrag der LBS. IZT – Institut für Zukunftsstudien und Technologie-

bewertung, Berlin, https://www.izt.de/fileadmin/downloads/pdf/IZT_WB118. pdf (2. August 2013).

Arbeitsgemeinschaft Bürgerschaftliches Engagement/Seniorengenossenschaften Baden-Württemberg e.V. (ARBES), http://www.arbes-bw.de/mitglieder-1/, http://www.arbes-bw.de/mitglieder-1/ (2. August 2013).

Bürgerinitiative Stendal e.V. (BIS e.V.), http://www.bisev.de/?page=vorwort (2. August 2013).

Köstler, Ursula/Schulz-Nieswandt, Frank (2010): Genossenschaftliche Selbsthilfe von Senioren. Motive und Handlungsmuster bürgerschaftlichen Engagements, Stuttgart.

Seniorengenossenschaft Riedlingen e.V., http://www.martin-riedlingen.de/senioren/seniorenhomepage.htm (2. August 2013).

Bildung und Kultur

Das Konzept der Seniortrainer/innen ist in ganz Deutschland verbreitet: http://seniortrainer.net/home/ (31. Juli 2013).

Beispiel einer Vortragsreihe der Potsdamer Seniortrainerin Jutta Jagßenties: http://www.soziale-stadt-potsdam.de/media/Flyer1HJ2012.pdf (31. Juli 2013).

Umgang mit schwierigen Themen des Alters

Hinweise zur Nutzung von Filmen im öffentlichen Raum:

http://www.vdfkino.de/verwertung/Merkblatt-Verwertung.pdf (31. Juli 2013).

Die Motion Picture Licensing Company (MPLC) ist im Bereich der Nicht-Filmtheater-Filmvorführungen aktiv; MPLC repräsentiert über 400 Produzenten und Studios, unabhängige und nationale Produzenten, auch große Hollywood-Filmstudios. Schirmlizenzen sind eine Möglichkeit, in öffentlichen Einrichtungen, Schulen, Wohnanlagen, bei Vorführungen für Diskussionen eine klare Rechtssituation herzustellen: http://www.mplc-film.de/page/umbrella-license-andreg (31. Juli 2013).

Für öffentliche Filmvorführungen im Rahmen von Gottesdiensten, kirchlichen Gemeinden gibt es die CCLI Lizenzagentur: www.ccli.de; http://www.ccli.de/cvl-filmlizenz/ (31. Juli 2013).

Bethke-Brenken, Inga/Brenken, Günter (2010): Aufbruch in den Ruhestand. Anleitung zum Gestalten und Genießen, München/Basel.

Kuntze, Sven (2012): Altern wie ein Gentleman – Zwischen Müßiggang und Engagement, München.

Riemann, Fritz/Kleespies, Wolfgang (2007): Die Kunst des Alterns – Reifen und Loslassen. 4. Aufl., München/Basel.

Schützendorf, Erich (2008): Das Recht der Alten auf Eigensinn. Ein notwendiges Lesebuch für Angehörige und Pflegende. 4. Aufl., München/Basel.

Geistig-seelische, religiöse, spirituelle und Sinnfragen

Gronemeyer, Reimer (2007): Sterben in Deutschland. Wie wir dem Tod wieder einen Platz in unserem Leben einräumen können, Frankfurt a.M.

Rosenmayr, Leopold (2007): Schöpferisch altern. Eine Philosophie des Lebens, 2. Aufl., Berlin/Münster/Wien.

Weiher, Erhard (2003): Spiritualität in der Begleitung alter und sterbender Menschen, http://www.dwi.uni-heidelberg.de/aktuelles/archiv2003/ask-weiher. htm (31. Mai 2013).

Gesundheit und Bewegung

Der Kooperationsverbund „Gesundheitliche Chancengleichheit" ist in den Ländern regional organisiert und bietet viele sinnvolle Informationen und Broschüren:

http://www.gesundheitliche-chancengleichheit.de/gesundheitsfoerderung-im-quartier/

http://www.gesundheitliche-chancengleichheit.de/gesundheitsfoerderung-bei-aelteren/ (31. Juli 2013).

Böhm, Karin (Statistisches Bundesamt)/Tesch-Römer, Clemens (DZA)/Ziese, Thomas (RKI) (Hrsg.) (2009): Beiträge zur Gesundheitsberichterstattung des Bundes – Gesundheit und Krankheit im Alter, Berlin, http://www.gbe-bund.de/gbe10/owards.prc_show_pdf?p_id=11828&p_sprache=D (31. Juli 2013).

Die Autorin

Prof. Dr. phil. Jutta M. Bott,

Sozialpädagogin grad. (FH), Dipl.-Psychologin, approbierte Psychotherapeutin und Supervisorin (DVT), ist Professorin für Theorie und Praxis der Sozialen Arbeit und ihrer Handlungsfelder an der Fachhochschule Potsdam, Fachbereich Sozialwesen. Sie war bis Ende 2004 in verschiedenen Funktionen im psychiatrischen System, u.a. langjährig in der Westfälischen Klinik für Psychiatrie Gütersloh, tätig.

Kontakt: bott@fh-potsdam.de; www.nachbarschaft-und-altern.de

Jetzt Mitglied werden!

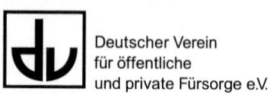

Deutscher Verein
für öffentliche
und private Fürsorge e.V.

Liebe Leserin, lieber Leser,

als Mitglied des Deutschen Vereins erhalten Sie neben zahlreichen anderen Vorteilen unsere Publikationen mit einem Rabatt von bis zu 25% und den monatlichen Nachrichtendienst (NDV) kostenlos.

Sind Sie an einer Mitgliedschaft interessiert? Dann fordern Sie weiteres Informationsmaterial an (Deutscher Verein, Michaelkirchstr. 17-18, 10179 Berlin, Telefon 030 629 80-502, Fax -550, E-Mail: rosenloecher@deutscher-verein.de) oder besuchen Sie unsere Website www.deutscher-verein.de.

Bitte schicken Sie mir kostenlos:

❑ weitere Informationen

❑ das Verlagsverzeichnis

❑ den Veranstaltungskalender

❑ einen Antrag auf Mitgliedschaft

❑ den Newsletter per E-Mail

Name, Vorname

Straße/Nr.

PLZ/Ort

E-Mail